玄奘大師

傑出的留學生

高僧小說系列｜精選

蘇尚耀　著◆劉建志　繪

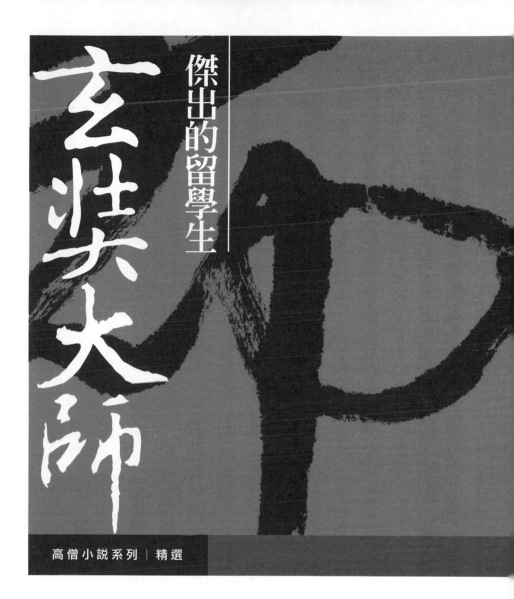

智慧與慈悲的分享

聖嚴法師

小說，是通過文學的筆觸，以說故事的方式，表現人性之美，所以稱爲文藝作品。它可以是寫實的，也可以是虛構的，但它必定是與人心相應，才會獲得讀者的喜愛與共鳴。

高僧的傳記，是眞有其人、實有其事的眞實故事，也是通過文字的技巧，以敍述介紹的方式，將高僧的行誼，呈現在讀者的眼前，也是屬於文學類的作品，只是缺少小說那樣戲劇性的氣氛。

高僧的傳記，以現代人白話文體，加上小說的表現手法，那就顯得特別生動而富於趣味化了。我從小喜歡文學作品的原因，是佩服它有高度的說服力，並且能使讀者印象深刻，歷久不忘，並且認爲高深的佛法，經過文學的表現，就能普及民間，深入民心，達成化世導俗的效果。我們發現諸多佛經的體裁，是用小品散文、長短篇小說，以及長短篇的詩偈寫成的。

近代已有人用白話文翻譯佛經，也有人以語體文重寫高僧傳記，但尚未有人以小說及童話的方式來重寫高僧傳記。故在《大藏經》中雖藏有極豐富的歷代高僧傳記資料，市面上卻很難見到。我們的法鼓文化事業股份有限公司，為了使得故典的原文很容易地被現代的讀者接受，尤其容易讓青少年們喜愛，而從高僧傳記之中，分享到他們的智慧及慈悲，所以經過兩年多的策畫運作，推出一套「高僧小說系列」的叢書，選出四十位高僧的傳記，邀請到當代老、中、青三代的兒童文學作家群，根據史傳資料，用他們的生花妙筆、豐富的感情、敏銳的想像，加上電影蒙太奇的剪接技巧，以現代小說的形式，生動活潑地呈現到讀者的面前。這使得歷史上的高僧群，都回到我們現代人的生活中來，陪伴著我們，給我們智慧，給我們安慰，給我們健康，給我們平安。

這套叢書的主要對象是青少年，但它是屬於一切人的，是超越於年齡層次的佛教讀物。

我要在此感謝參與這套叢書編寫出版的全體工作人員，包括編者、作者、畫家、審核者、校對者、發行者，由於他們的努力，才能有這項成果奉獻在廣大的讀者之前。也請諸方先進和所有的讀者，多給我們鼓勵和指教。

一九九五年四月八日晨
序於台北法鼓山農禪寺

推薦序

人生要通往哪裡？

蔡志忠

「只有死掉的魚，才隨波逐流！」

人生是件簡單的事，是我們自己把它弄得很複雜的。

魚從來都不思考：

「水是什麼？

水爲何要流？

水爲何不流？」

這些無謂的問題。

魚只有一個最簡單的問題：

「我要不要游？
如何游？
游到哪裡？
游到那裡做什麼？」
人常自陷於無明的憂鬱深淵，無法跳脫出來。
人也常走進一條沒有出口的道路，
才發現原來這根本不是自己的人生之道。
兩千五百年前，佛陀原本也自陷於
人生的痛苦深淵……，經過六年的
修行思考，佛陀終於覺悟出：
「什麼是苦？
苦形成的次第過程？
如何消滅苦？
通往無苦的解脫自在之道。」

這也就是苦生、苦滅，一切因緣生的「三法印」、「緣起法」、「四聖諦」、「八正道」，所有攸關於人產生煩惱痛苦的原因和達到解脫、自在、清淨境界、彼岸之道的修行方法。

佛陀在世時，傳法四十五年，佛滅度後，佛陀的思想由他的弟子們傳承到後世，成爲今天的佛教。在佛教的發展過程中，留下了許多動人的高僧故事。

除了《景德傳燈錄》記載著所有禪宗各支歷代高僧學佛得道的故事之外，《大藏經》五十卷的〈高僧傳〉、〈續高僧傳〉裡也記載很多歷代大師傳記典故；此外，還有印度、西藏、日本等地大師的故事。通過閱讀過去大德諸賢的故事，可以讓我們對人生的迷惘問題得到啓發。

胡適說：

「宗教要傳播得遠，

佛理要說得明白清楚，

都不能不靠白話來推廣。」

這套高僧小說也繼承這使命，以小說的方式講述高僧的故事。讓讀者能透過這些歷代高僧的故事，得以啓發人生大道。相信做爲一個中華民族的後代，身在儒、釋、道思想的傳統文化背景下，如能透過高僧小說多了解佛教思想，對自己未來人生之路的導引和思考，必定能獲得很大的益助。

自序

由衷的敬仰與景慕

我寫本書的動機，完全出於偶然。

那是因爲重讀《西遊記》，想比年輕的時候能讀得深入一些，不僅找了若干和《西遊記》故事遞嬗、作者生平，以及版本沿革等有關的文獻來讀，也找了些跟取經主角唐僧──玄奘法師直接相關的書籍，如《舊唐書》、《大慈恩寺三藏法師傳》、《大唐西域記》等來讀。

誰知道這一讀竟讀出興味來了，不但對小說中因護送唐僧赴西方取經，一路上降妖伏魔、戰鬥不已的孫猴子，仍保持年輕時候的驚歎和讚佩，還意外地發現歷史上的玄奘三藏，實在是一位可敬可愛又了不起的人物。

他爲了「遠紹如來，近光遺法」，探求佛教經典的源頭和眞義，立定決心，在唐初疆埸未定、禁令森嚴的情境下，突破重重困難，踏上征途，開始漫長而艱苦的西遊，共作了十七年的修學旅行。回國後又以畢生精力領導譯出佛教經典七十四部，一千三百三十五卷，在文化和宗教上深深影響了中國和東方世界，也促進了中印的文化交流。他的事蹟，不但使我的心靈產生了震撼，也起了由衷的敬仰和景慕，就有了動筆的念頭。

恰好那時候，《國語日報》副刊組編輯主任蔣竹君女士向我約稿，就乘機向她報告我打算寫出玄奘法師生平的動機和構想，即得到蔣女士的贊同和鼓勵；之後又得到少年版前後主編應平書和蔡素芬二位小姐的協助，得以順利刊出。在這些稿件陸續於報上刊載期間，各地不斷有讀者，或向報社或向本人探詢有沒有出版單行本的計畫；適巧不久又獲法鼓文化的贊助和支持，遂得以書籍的面目與廣大讀者見面。這或許就是一種所謂的「緣」吧！

我既對玄奘法師深致敬仰和景慕，也覺得希望尚友古人、立志向上的青少年們，不妨以玄奘法師爲標竿而自勉自勵！

在寫這則自序的時候，又恰巧讀到日本國立東京藝術大學校長平山郁夫先生，所說許多和玄奘法師精神有關的感性的話，現在抄錄其中的一小段在這裡供讀者們參考。

平山先生說：「正在那時（平山先生二十歲，處於貧病交加陷入絕境時），一位佛教大師的人生道路，給予我巨大的啓迪，公元七世紀時，他從中國的長安（即現今的西安）出發、破國禁、脫虎口、沿絲綢之路西行，開始艱難的歷程，經歷了十七個歲月，才從印度取經回國。他就是玄奘三藏，一位高僧，也就是《西遊記》這部小說中的主人公。就是這位高僧玄奘三藏，拯救了我的一生。」（見平山郁夫著，王保祥譯《敦煌・有我追求的藝術》正文第三頁）

佛學視窗

01

從《西遊記》談起

談起「唐僧取經」的故事，小朋友一定會搶著說：「我知道！」「我知道！」

我也可以藉此揣想，大多數人所知道的唐僧，是小說《西遊記》裡的唐僧。知道他辭別了唐太宗，從長安出發，經過兩界山，收孫悟空爲徒，沿途又收伏了豬八戒和沙和尚，一共三個徒兒。大徒弟孫悟空，會上天入地，一個觔斗雲就翻十萬八千里，還會七十二般變化，又使用一根能大能小的金箍棒；曾經大鬧天宮、地府和海底，歸服唐僧後，一路降妖除魔，本領十分了得！二徒弟豬八戒，雖然長著大耳朵、長嘴巴，挺個大肚子，一副豬頭豬腦、拙笨可笑的卡通體貌，使用一把九齒釘鈀的農具，卻也給人苦幹的形象。三徒弟沙和尚，原是天庭的捲簾大將，因失手打破寶物琉璃盞，被罰貶到流沙河，做了吃人的妖怪；後來受勸歸服唐僧，做了小和尚，成爲取經隊伍中牽白馬、守行李的忠實伙伴。

以這樣的一個搭配陣營，合作出發，終於克服路上所有九九八十一難，功德圓滿，取得佛經回國，五聖（師徒四人加白馬）都成了正果。整個故事，

內容精采，趣味迭出。雖然它只是小說家用生花妙筆虛構出來的，但是在歷史上，唐僧，是確有其人；取經，也是實有其事。

歷史上的唐僧，小小年紀就出了家。在皈依佛門當了和尚後，努力研求佛教經典，並且遊訪各地，拜謁名師。但在接觸各種紛紜言論以後，因無法解除心中的疑問，深深覺得經過翻譯的佛經不夠完整，而且各有詳略和不同解釋，只有想法子親自到佛教的發源地天竺（印度），探個究竟才行。這就使他下定決心，要前往印度探研原典。由此可知，唐僧是一位求知欲極強，而且有決心，又有毅力，不怕苦、不畏難的偉人。他的取經，不單是求取佛典而已，更是爲求得完整而精確、透徹的佛學知識。

我近來重讀《西遊記》小說，爲了進一步了解唐僧的爲人，曾經搜求並參閱許多種唐人寫的唐僧（法名玄奘）傳記，發現玄奘不僅是唐代的一名高僧，還是我中華民族一位了不得的偉人！

因爲他：

一、爲了探求正確的知識，排除萬難，突破阻絕，遠赴異國，專力學習研究，務求徹底明白，是最了不起的留學生。

二、在一千三百多年前，交通非常艱困的情形下，冒險犯難，隻身度過上無飛鳥、下無走獸的大沙漠，翻越冰堅、風烈、路滑的雪嶺，西行求經，是最偉大的探險家。

三、留學期間，博學多聞，累積眞知，辯駁異端，揚名域外，爲國增光，並促進中印邦交，又是成功的國民外交家。

四、學成歸國，組織譯場，全心全力從事佛典翻譯，並親自翻譯老子《道德經》爲梵文，也是成績卓著的翻譯家。

總之，唐僧（玄奘）眞實的一生，奮鬥不懈，歷程曲折生動，可跟小說《西遊記》的故事相媲美。而他在精神上的百折不撓、堅苦卓絕，更是可敬又可佩，值得向大家詳細介紹。

02

玄奘的出生

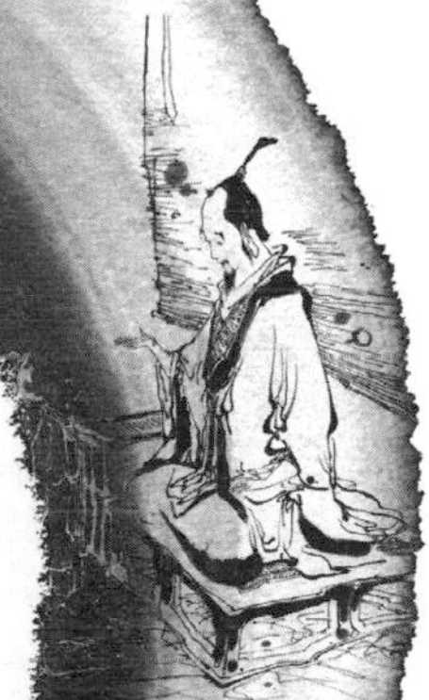

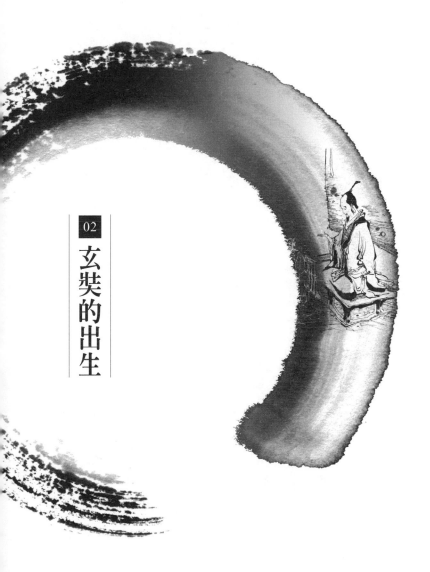

法名玄奘的唐僧，沒出家以前，俗姓陳，名禕，河南洛州（今河南偃師縣）人。

偃師在洛陽之東，地方雖然不大，這個地名卻有相當的來頭。因爲「偃」有休止、停息的意思，「師」指部眾或軍隊，兩個字合在一起，就是停止軍事行動，有讓軍隊休息的意義。

原來，大約在三千多年前，周武王號召天下八百諸侯，大會孟津，發動聯軍攻伐商紂，打了勝仗；凱旋回到洛陽東方的偃師這個地方的時候，就把大軍停駐下來，要他們在這裡放下兵器，解除戎裝，動工興築城垣，並且宣布從此停止軍事行動，讓軍士得以在此休息，「偃師」就是因此得名的。所以，這裡可以算是一座歷史名城。

玄奘的出生地，就在偃師縣東南仙遊鄉鳳凰谷（也名陳堡谷）的陳河村。陳河村，是一個依山面水的小村落。山是有名的緱山（也名緱氏山），水是馬澗河。它不僅山清水秀，而且這裡還流行過一段美麗的傳說。那是在東周靈王時代，太子王子晉不願繼承王位，常愛吹笙作鳳凰鳴，還喜歡逍遙遊蕩。

後來被道士浮丘公接上嵩山修道，一去多年沒有消息。三十餘年後的某天，他又突然出現在他的老朋友面前，說：「請你轉告我的家人，要跟我見面，七月七日可以在緱氏山頭等我。」到了那天，王子晉果然騎著一隻灰鶴在山頭出現。家人雖然見到了他，卻沒法子跟他接近。只見他在山上停留了一會兒，不時向家屬和山下的眾人笑著招招手，然後騎著鶴冉冉升天去了。另外還傳說，就在這同時，王子晉修仙前被丟棄在馬澗河中的一匹白馬，也突然騰空飛起，在眾人面前漸飛漸高，最後消失在白雲中。

玄奘就出生在這個風光秀麗而充滿神話氣氛的小村西頭。他小時候住過的老屋，因年代久遠，早已倒塌。現在的房子，是村裡姓陳的人家，爲紀念他而重新修建的。

距離陳河村東南大約一里的一個面溪的山下，留有玄奘父母的墳墓。因爲歷代都有整修，現在仍然完好。關於這座墳墓，到現在鄉下民間還流傳著這樣一個傳說：說是玄奘當年取經回國後，要回鄉掃墓。他騎著馬在村中東奔西走，都找不到父母的墳墓。後來到了這裡時，忽然馬蹄一踏，有一股泉水從地底湧出，腳下頓時漲起大水，水退以後，墳墓就出現了。一直到現在，他父母的墓旁還有一個叫「馬蹄泉」的水泉，而且在澄碧的池底，仍可見到一個像馬蹄形的泉眼，不停地在冒水，使這泉水一年到頭都不會枯竭。這顯然是一個鄉人附會的神話。因爲據玄奘法師的徒弟慧立和彥悰所寫的傳記中說，玄奘取經回國以後，一直在努力從事翻譯。直到唐高宗顯慶二年（西元六五七年），隨高宗到洛陽時，才請准回鄉掃墓，而且還是從他出嫁的姊姊那裡，問到已經荒頹的父母的墳墓遺址，並由高宗賜撥專款，整地重修的。

玄奘的遠祖，相傳可以追溯到東漢後期，一個曾經擔任過太丘長（太丘，古縣名，原址大約在現在河南省開封市附近）的陳仲弓。陳仲弓也就是陳寔，他曾把竊賊稱爲「梁上君子」，非但沒有將他送去衙門治罪，還拿財帛幫助他，勸使改過自新。仲弓的後代子孫中，也有不少做高官的，如大兒子陳紀、孫子陳群等都是。這種情況自魏晉一直維持到隋代，直到玄奘的父親陳惠（惠也有寫作同音的慧）。

陳惠身長八尺，儀表出眾。隋代佛教興盛，據說他對儒家和佛教的經書都

頗有興趣，並且因此擔任過一任江陵（今湖北省境內）縣令。因爲看不慣當時隋煬帝施政暴虐，人民痛苦，各地都已呈現將發生變亂的跡象，心中十分焦慮，自己又沒有能力挽救；在官職任滿以後，就辭官回家，過著無官一身輕，享受平淡的田園生活。

陳惠的妻子，也就是玄奘的母親，姓宋，是曾經擔任過洛州長史的宋欽的女兒。夫妻倆膝下共有四個兒子，一個女兒，玄奘是他們最小的兒子。玄奘的姊姊，嫁給瀛州（今河北河間縣）一個姓張的人家做媳婦。他的三個哥哥，所有的傳記都只提到他的二哥陳素，在隋煬帝大業四年（西元六〇八年）於洛陽淨土寺出家，法號長捷，是對他一生中影響最大的人。至於他大哥和三哥，因爲沒沒無聞，始於未被提起，很可能只是種田爲生，或者未到成年不幸早逝。

由於玄奘的幼年，並沒有引起人們太大的注意，所以有關他出生的年代，曾有多種不同的說法。有說他出生在隋文帝開皇十六年（西元五九六年）；又有說是在開皇二十年（西元六〇〇年），也有說是在隋文帝仁壽二年（西元六〇二年）等。我們從各種的記載相互比較來看，以出生在隋文帝仁壽二年的說

法，最接近事實。

他母親宋太夫人雖然去世得早，但是據說在玄奘出生後不久，有一天夜裡，宋太夫人忽然夢見玄奘穿著一身白衣，出門向西方走去。宋太夫人驚訝地問他：「你是我兒子，現在這樣打扮，要往哪裡去？」玄奘回答：「我爲了求取佛法，所以要往西方去。」有人因此說，可見玄奘西行取經，是早有預兆的。

其實，小小年紀的玄奘，早有跟一般兒童不同的表現。那是在玄奘八歲那年，父親陳惠親自爲他傳授《孝經》，在講到「曾子避席」一句的時候，玄奘忽然從座位上起來，畢恭畢敬地肅立著。父親問他：「你爲什麼忽然從座位上站起來？」他回答：「曾子在聽老師講課的時候，都那麼恭敬地離開坐席起立，我現在聽受父親的教誨，怎麼可以坐著不起來肅立恭聽呢？」父親聽了玄奘這樣的回答，就知道自己這個小兒子，跟普通的小孩是不大一樣的。

03 出家做小沙彌

大約在玄奘十歲的時候，他的父親陳惠因病去世。他二哥陳素（長捷法師），在洛陽聽到父親不幸逝世的消息，立刻想到在家鄉的小兄弟陳禕，沒了父親將面臨孤苦無依的境地。因此，將他接到自己出家的淨土寺，以便就近照顧。

玄奘到了淨土寺，在二哥長捷法師的指導和熏陶下，跟佛教經典有了初步接觸，沒料到竟使他因此對佛學產生了濃厚的興趣，而且也開始誦讀起大乘❶佛教的兩種基本經典——《維摩經》（或稱《維摩詰經》，全稱爲《維摩詰所說經》）以及《法華經》（全稱爲《妙法蓮華經》）。

那時候的皇帝，是我國古代以開鑿運河聞名的隋煬帝。我們再從歷史上看，隋朝的帝室，係出自北周一個信佛崇佛的官僚家庭。隋朝開國皇帝隋文帝和他的繼承人隋煬帝，也都一貫地信佛、崇佛，相繼地在全國興建佛寺、佛塔，營造經像，剃度僧尼。

隋煬帝大業十年（西元六一四年），也就是玄奘十三歲那年，煬帝下令在東都洛陽招度二十七人爲僧。當時，佛教既受朝廷鼓勵，僧尼在社會上的地位也比較特殊。度僧的消息一傳出，報名參加者有好幾百人，其中熟習佛教經典的優秀青年也不少。玄奘因年齡過小，而且剛剛開始習經，還不夠報考資格。但是他出家心切，一直逗留在考場門口，探頭探腦，不時地向門裡望。這情景湊巧被一個叫鄭善果的主考官看見了，過來問他：「小弟弟，你叫什麼名字？」

「我姓陳，名禕。」玄奘答。

「你站在這裡一直向門裡望，是不是想出家呢？」

玄奘紅著臉，點點頭。

「你小小年紀，出家想做什麼？」聽了這樣的問話，玄奘的回答，眞是驚人：「我想繼承西方如來的志業，弘揚他所流傳下來的佛法。」

鄭善果見玄奘品貌端正，骨格清奇，答話又絲毫不含糊，就特別破格錄取了他，准他出家。同時，還回頭向同僚說：「我會誦經的人容易，想找一個風骨清奇的出家人卻很難。現在度他出家，將來必能成爲佛門大器，只可惜我們都已經老了，等不到看這個年輕人光大佛法的一天！」

這一來，眞使玄奘喜出望外。

從此，他就正式出家，成爲小沙彌，並取了玄奘的法號。從此他就名正言順地跟他二哥長捷法師，在淨土寺安住下來，一同研習佛學。

所謂小沙彌，就是年齡在七歲以上、二十歲以下，初度受戒的小和尚。他們一方面須在寺院裡做些挑水、打柴、灑掃的工作，一方面誦習佛典，勤做日常功課，刻苦修行。

玄奘和二哥長捷法師先後同在洛陽淨土寺出家，自然令人想起在六世紀中期，南北朝時期有位學者，寫了一本記述古代洛陽佛寺興廢的書《洛陽伽藍記》。

書中說到，做爲北魏新都城的洛陽，由於各帝后、大臣們先後的倡導和營建，最盛的時候，有佛寺一千三百六十七所。東魏遷都後，還餘下佛寺四百二十一所。

那本書中記述了洛陽城內外六十餘所的寺名及沿革。我好奇地找來那本書翻了一翻，並沒有發現淨土寺的名字，或許它是南北朝以後的隋代所新建的吧？

另據一本叫《隋唐佛教史稿》的記載：「隋文帝（在位時）……立寺三千七百九十二所（全國所立總數）。」文帝在位，計開皇二十年至仁壽四年，共二十四年，那麼他每年在全國平均立寺一百五十八所，幾乎是每隔兩天多一點就會出現一所新寺，數量確實驚人。

還有，在隋煬帝即位那一年的大業元年（西元六〇五年）開始，煬帝就積極營建東都洛陽，且曾下令改郡縣佛寺為道場（即佛教舉行禮拜、誦經、講經等的場所），還特別在洛陽興立四大道場，廣召天下名僧主持。當時在淨土寺主講《涅槃經》的慧景法師，就是被大家尊為首座❷的四大高僧之一。玄奘既在淨土寺出家，當然就有機會聆聽慧景法師講經，並隨時執卷請益。此外，他還用心聽其他法師講的經論。

玄奘因為從小跟父親讀過儒家的經書，對文字的領悟力有相當的基礎，再加上用功勤苦，專心聽講，所以他當時雖然是寺內最年輕的小沙彌，但對於每一種佛典，只要聽過一遍，就已經了解十之八九；之後只要再複習一次，就能融會貫通，懂得全部經義，絲毫沒有遺漏。

因爲他學得既快又好，所以有時候在聽講以後，大家如果還有疑問不解，就會推舉他出來複講，玄奘總能講得明明白白、完完整整。這是大業十二年（西元六一六年），玄奘十五歲時在淨土寺的情形。

玄奘在洛陽淨土寺，先後住了五年。由於他有求知若渴的精神，廢寢忘食的學習，寺裡所有的藏書大都翻遍了，使他在佛學修養上，打下了深厚穩實的基礎。

可是那時候，由於隋煬帝的荒淫暴虐，使得民不聊生，各地不斷地發生叛亂，洛陽不時受到叛賊亂兵的侵擾，淨土寺也失去了經濟來源。

玄奘眼見兵荒馬亂的洛陽，已經不可能留在這裡靜修，就向長捷法師建議說：「這裡雖然是我們生長的鄉土，但是兵禍這樣慘烈，與其坐著等死，還不如趁早離開的好。聽說唐王李淵父子已經起兵平亂，據有長安，天下百姓爭相投奔，我看我們也到長安去看看再說。」

寫到這裡，我又在一本叫《敦煌石室碎金》的書裡，發現一條敦煌「淨土寺」的記載，說是：「淨土爲敦煌大寺，年代最久……其所藏經、律、論三藏皆備，而變文雜件莫不有之。」洛陽淨土寺，也應大體相似。

❖ 註釋 ❖

❶ 大乘：原指大車子，借喻大乘佛教度盡眾生離苦得樂的精神。大乘教派流傳於中、日、韓等國家，又稱北傳佛教。

❷ 首座：指法臘高而居上位的出家人，或指年長而有德的人。

04

在亂世中修學

玄奘弟兄兩個，離開洛陽，翻山越嶺，好不容易來到長安。雖然找到一所莊嚴寺可以暫時落腳，但那時是唐朝開始的武德元年（西元六一八年），唐高祖李淵剛剛從山西太原進入長安。

隋末起兵作亂的一群梟雄，如竇建德、王世充、劉武周、宋金剛等等，還各霸一方，跟唐軍對峙，而且又都對長安虎視眈眈，軍事行動不斷。因此，長安仍時時受到戰亂的威脅，根本注意不到軍事以外的儒學什麼的，更不用說是佛教方面的宗教活動了。

兩兄弟在初來長安的這段日子，就靠研習寺內的藏經打發時間。好在莊嚴寺是長安城中的一座大寺，藏經樓內收藏的佛經極多，玄奘可以在這裡找出一些前所未見的佛經來翻讀。

可是這時候的長安，大局初定，沒有什麼講經的法會，也沒有什麼精研佛典的高僧大德可以請教。玄奘覺得在這樣的環境裡，既學不到什麼，也弘揚不了佛法，大好光陰等於白白地浪費掉，實在十分可惜。他又聽說自變亂以來，長安、洛陽等地的佛寺，經濟來源斷絕，許多高僧大德紛紛轉入偏處西南的四川去了。因此，就向他二哥建議說：「這裡既然沒有法事，長期耗在這裡，什麼都做不了，我們不如到四川去看看！」

長捷法師覺得這意見不錯，決定不計困難，陪同玄奘向四川出發。

在那個交通工具還不十分發達的時代，從洛陽到長安，已經使他們覺得很不容易；而由長安去四川，先要通過長安以南，秦嶺山脈中長達六百六十里，山經逼窄崎嶇的子午谷，再轉向西南經漢川（今陝西南鄭縣）的山區，然後攀越四川北部——劍閣這一段險阻懸絕的棧道，才能夠到達，因此更是困難重重。

誰知道兄弟倆通過子午谷，到達漢川的時候，竟然意外地遇見了以前在淨土寺講經的慧景法師。他和另一位法師也正打算前往成都弘法。彼此驟然見面，眞是悲喜交集，感慨萬千！經過晤談之後，才知道大家不約而同都是要往成都去，就結伴一起走。

他們在漢川停留一個多月，爲將要通過劍閣棧道的行程做了一些準備。玄奘也趁此機會，捧著經卷向慧景法師他們請教。

古人雖然有「蜀道難，難於上青天」的慨嘆，但是玄奘他們，一路上在彼此相勉相助的情形下，平安地通過而到達成都。

成都地處四川盆地的中央，四周雖然有綿延的高山阻隔和外界的交通，但是成都附近卻是一片平原。自從戰國時代，經李冰父子在這裡開鑿離堆，與築水壩以後，得到灌溉之利，它就成了土地肥沃、物產富足的「天府之國」。

玄奘他們到達成都，住進空慧寺之後，就安心地靜修佛學。

那時候正值隋唐兩朝新舊政權交替，時局混亂。四川卻因為周圍有高山峻嶺環繞，東部可供出入通行的長江又有三峽險阻，因此不受戰局的影響；再加上當地土壤肥沃、物產豐饒，居民生活安定而富足。不但玄奘兄弟他們一批人趕來成都，各地的高僧也都先後慕名來這裡會集。

佛徒多了，法會也多起來，講經的活動一場接一場舉行，而參加聽講的人數也濟濟滿堂，每場都有好幾百人之多。求知欲向來旺盛的玄奘，不但從不放過聽講的機會，尤其遇到當時多位大師，如寶暹法師、道基法師、惠振法師等開講大小乘經論，他更是風雨無阻，場場參加，並且仔細諦聽。

就這樣，在成都的那兩三年期間，年輕的玄奘，可以說已經奠下了良好的佛學基礎。

玄奘聽講認眞，跟人家討論起問題來，又常有自己精闢獨到的見解。久而久之，年紀輕輕的玄奘，不僅爲四川境內僧俗所讚佩，就連長江中下游的湖北、湖南、江浙各地人士，對他也都十分的嚮慕。

至於他的二哥長捷法師，因爲年紀較大，出家在先，在佛學修養方面開始得比較早。而玄奘幼年時在父親指導下，原有經學的根柢，對於儒學的「經」和「傳」都相當地熟悉，對老子的《道德經》、莊子的《南華經》等也有獨特的研究。加以他體格魁偉，儀表出眾，修養良好，口才又佳，講起話來，不急不徐，頭頭是道，不但受到信眾的尊敬，連當時四川總管酇國公竇璡、民部尚書韋雲起，都很欽佩他的才學，器重他的爲人。

時光過得很快，不知不覺間到了唐高祖武德五年（西元六二二年），玄奘年滿二十一歲，也已由一個聰明俊秀的少年，長成卓然自立的青年僧人了。於是他參加了佛門裡儀式最隆重的具足戒，成爲正式的和尚。

按照佛教的常規，男的七歲以上、二十歲以下，女的七歲以上、十八歲以下，可以受初壇❶十戒，成爲「沙彌」和「沙彌尼」。但那只是成爲正式僧尼的準備階段，一定要到沙彌滿二十歲、沙彌尼滿十八歲時，才能受具足戒，成爲正式的僧尼——比丘和比丘尼。

玄奘成了正式的僧人以後，雖然跟他二哥長捷法師一樣，成了四川一帶佛門中出色的人物，可是兩兄弟的思想卻有很大的不同。玄奘是想，這些年來已聽遍四川境內名師的講論，如不出去訪師求法，再也學不到新東西。而長捷法師卻認爲，成都生活安定，適宜弘法，也適宜自修。所以，玄奘多次和他商量離開四川的問題，他都沒答應。

玄奘只好在修習佛法之餘，到處打聽，找尋離開四川的機會。

機會終於來了。

那時候，有一夥經常進出長江三峽的生意人，在成都採辦了一批蜀錦，打算運出四川，沿江販售。富於冒險精神的玄奘，雖然聽說三峽波急灘多，航行危險，卻很願意一試；聽到這個消息，高興得不得了，立刻打點背包附搭這夥商人的航船，通過景奇灘多的三峽，到達荊州（今湖北江陵）。

荊州曾是春秋時代楚國的都城，也是三國時代吳蜀相爭的據點，是歷史上的名城，也是當時文化和工商發達的大都會。船停泊下來以後，玄奘上岸，找到天皇寺，準備在那裡掛單，然後轉往各地。

誰知天皇寺的僧徒，在得知眼前這位年輕的行腳和尚，就是久已慕名的玄奘以後，都表示熱烈歡迎；不但竭誠地留他住宿，而且特別懇請他留下來宣講佛法。

玄奘離開四川，原計畫到北方趙州（今河北趙縣）拜訪精研大乘經典有成的道深大法師的。這時候，受了天皇寺僧徒熱誠的感動，也只好暫時留下來講經了。

消息傳出去以後，四眾❷陸陸續續趕來天皇寺，向玄奘參禮，殷切地盼望玄奘大師能早日爲他們宣講佛法。

那時候，封藩在當地的漢陽王李瓌，也是很熱心的信徒。聽說玄奘法師到達天皇寺，除了親自來面會外，在經筵開講的那天，還親率部屬前來聆聽，使得座無虛席的道場，更增添肅穆和光彩。

玄奘法師年紀雖輕，對佛學研習一向勤奮認眞，有十分精到的心得。所以每天登壇講經，除聲音朗潤、言語明暢，令聽講四眾在悅耳動容之餘，也常爲他旁徵博引、多方取譬的內容所折服。玄奘滔滔不絕地講，四眾娓娓不倦地聽，聽講之間，形成心靈的交流，充滿了信仰和喜悅。

這雖然是玄奘個人獨當大任第一次講經，但講述十分成功。荊州附近的僧俗各界，聞風來集，無不以能聆聽大師的講經爲榮幸。因此，在當地形成了空前的盛況。

玄奘在天皇寺，就這樣從夏天住到冬天，講了大乘經的一些基本觀念。在欲罷不能的情形下，前前後後共講了三遍，才結束講座，決心離開荊州。

因爲玄奘在成都求法的那幾年，已聽說河北趙州有一位道深法師，除深通大、小乘外，對於經論中的《成實論》尤有獨特精到的研究，早就有北上拜望大師，並向他學習的夙願。等結束了天皇寺的講座，他就迫不及待地離開荊州，向北方的趙州趕路前往了。

在玄奘那個時代，趙州是黃河南北各地通往幽州（今河北涿縣和薊縣）一個重要的交通據點。可是在趙州南郊五里，卻有一條自西往東的洨河阻隔著，造成交通的不便。在隋文帝開皇年間，當地人士看到這一點，就籌款募工，請大工程師李春在洨河上興建一座全長五十多公尺的石拱橋。這座大橋的落成，曾經成爲全國轟動的大事。

玄奘在快接近趙州，經過這座大石橋的時候，雖然只是匆匆走過，但是在看到大橋兩頭四個弧形的小敞拱，和左右兩旁護欄上生動精美的花草雲龍石雕，對於橋形的優美，工程的精緻，還是讚不絕口。

進了趙州城，玄奘立刻趕去參禮仰慕已久的道深大師。大師對這位不辭千里遠道趕來的青年求法者，非常高興。他除了爲玄奘詳細講解《成實論》的內容精義，對玄奘所提出來的疑難，不論大小，也都就自己研讀的心得，加以詳細明確地解答。經過大約十個月的時間，玄奘學得很完全，大師也教得十分滿意，兩人這才依依不捨地道別。

臨行的時候，道深大師叮嚀玄奘，如果在途中還想起什麼疑問，南下經過相州（今河南安陽縣）時，還可以轉到慈潤寺，在那裡請教一位慧休老法師。他又特別向玄奘介紹，慧休法師是從小出家的高僧，而且天分高，對《成實論》的研究也下過一番苦功，是一位了不起的法師。

玄奘求知欲極強，對於能在求法途中又多一位可以請益的大師，自然分外高興。他離開趙州南下，在路上連休息都不肯休息，生怕只要休息一下就會耽誤自己求法的寶貴時間似的，直奔往相州的路上趕去。

不久，玄奘終於到達相州慈潤寺，見到慧休法師。老法師見到年輕的玄奘，就彷彿見到自己又回復到青年時期一樣，所以接待得格外親切。玄奘也就安心地在寺裡住下，以便隨時請益。

後來，慧休老法師知道玄奘是聽了道深法師的介紹，自動找上門來求教，對他所提的各種問題，更是知無不言、言無不盡，詳予指導解說。幾次接觸以

後，老法師對玄奘研究的深入、領悟的敏捷，大爲讚歎，還當面對他說：「世間聰明又勤奮的年輕求法人難得，眼前我終於見到你一個了。」

玄奘在慈潤寺向慧休法師請益了八個多月，那時候已到了武德八年（西元六二五年），唐高祖的二兒子秦王李世民，率軍鎮壓了太原和關中各地的軍閥，又討平了河北的竇建德和洛陽的王世充，全國的秩序已逐漸恢復。長安的局面既漸漸安定，高僧大德又陸陸續續向長安集中。長期行腳在外的玄奘，也希望自己能早一天回到長安，好向大師們請教。

在相州慈潤寺的那八個月，由於玄奘學習得非常認眞，慧休法師也毫無保留地盡心講授，因此在寺的時間雖然不算很長，玄奘卻能把慧休法師所傳授的基本理論完全吸收，於是他又動起到外地拜訪名師的念頭。

經過多方打聽的結果，玄奘聽說，唐高祖武德四年（西元六二一年），秦王李世民打敗竇建德，王世充見大勢已無可挽回，也只好宣告投降。這以後，在國內，唐軍已經沒有太強的對手了。長安的政局漸漸穩定下來，工商業也好，文化宗教也好，都呈現一片欣欣向榮；佛教界也跟著活躍起來，許多名僧大德又紛紛向長安集中了。玄奘聽到這些消息，也作了再上長安的準備，並且立即打點動身。

當玄奘到達長安的時候，已是武德八年（西元六二五年）的春天，這一次他回長安來，第一個要拜訪的目標，是京城大總持寺的道岳法師。

原來玄奘早打聽清楚，道岳法師在出家前，本是河南洛陽一個書香人家的子弟。九歲的時候，家裡聘請老師教他讀《孝經》、《詩經》和《易經》等儒家的經書，他讀一遍就能記住字句，顯出他記憶力強，聰明出眾。到了十五歲，家庭發生變故，開始出家當小和尚，因爲他小時候讀過一些儒家經書，進了佛門學起經論來，也進步得很快。基礎打好了，又跟一位大師專攻一部叫《俱舍論》的佛典，花了將近五年多的時間，把它的內容研究得清清楚楚。

據說，這部《俱舍論》具有佛教百科的性質，它最吸引人的一點是：文辭不繁而說理明白，涵義深奧而容易入門，也是一種佛教教義的基礎書。

玄奘根基好，悟性又高。他在道岳法師指導下，一邊聽講，一邊自己研

究，在整整一年期間，一遍就學會《俱舍論》的要旨。

那時候，京城裡還有僧辯和法常兩位大師，對佛教的大、小乘經書都有精到的研究，深受僧俗各界和國內外的尊敬。每當他們開講正法的時候，聽眾雲集，玄奘更能汲取兩位大師的精華。僧辯和法常也對他十分讚賞，說：「你眞可以稱得上是佛門中的千里駒，將來光大佛法就得靠你了。遺憾的是，我們這些人都已年邁老朽，恐怕看不到那一天了！」

有兩位大師的賞識讚許，一般人對玄奘更是另眼相看。從此以後，這位青年法師，也成了名滿京師的人物了。

不過在玄奘來說，對於這些外來的讚譽和仰慕，都不大放在心上，因爲他另有一個崇高偉大的心願在激盪著他，使他不敢存有自滿的心情。

❖註釋❖

❶初壇：出家人受具足戒過程中須登三壇，稱三壇大戒，其中初壇為沙彌（尼）戒，二壇為比丘（尼）戒，末壇受菩薩戒。

❷四眾：佛家對出家的男女僧尼、在家的男女信徒的合稱。

05

西行的宏願

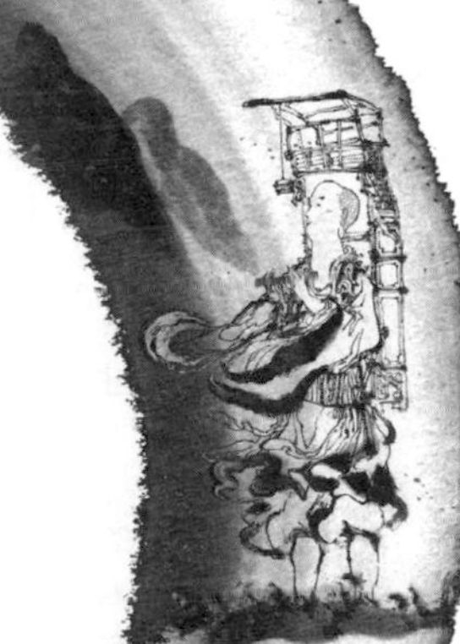

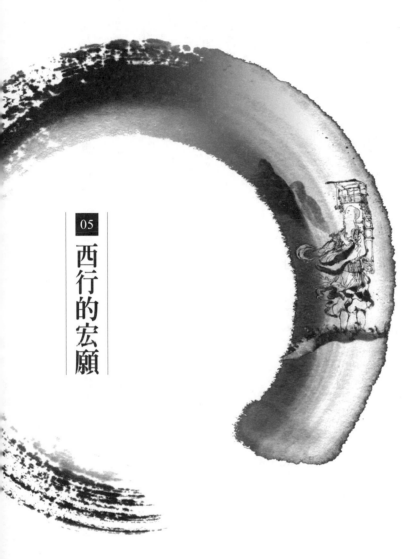

旁人的讚譽，固然使玄奘頗覺興奮，但是也使極想在弘法方面有所貢獻的他，更增加一份自勉的心志。因此，這時候，在玄奘心頭迴旋的波瀾是：

——皈依佛門十多年來，爲了研究釋典，不辭勞瘁地奔走過南北各地的叢林古刹，拜訪了許多大德名師。他們有的博通眾經，有的專精一經；有的簡要，有的精通。但是總的來說，大師們分處南北，各有不同流派，同一經書，解釋也各不相同。

——早期的經論翻譯，無論是直接來自天竺（印度），或間接來自西域（新疆各地）：無論是直譯或是意譯，其中都免不了有節略、疏漏或訛誤的情形發生，而不夠全面、完整和精確。

——爲了求取佛法的眞義，獲得全面、完整和正確的佛學知識，恐怕非得親自前往佛教的發源地天竺求取原經不可。

——雖然有人說，前往天竺，路上有萬里的沙漠及熱風、千年的雪嶺和層冰，還隨時可能遇上虎豹、精魅，時時都有死亡的危險。

——但是在前輩大德中，像東晉的法顯，於隆安三年（西元三九九年），

以六十五歲的高齡西行；東晉和劉宋之間的智嚴，也以高齡遠赴天竺。他們都是佛門傑出的人才，也都能不畏艱險，不顧生死，西行求法，得到崇高的成就。我年紀輕輕的，爲什麼不能追尋前輩們的足跡，遠赴印度求法取經，光大佛門呢？

就這樣，玄奘立下了留學天竺——西行求正法的宏願。那是武德八年（西元六二五年），這年他二十四歲。

第二年，李淵的幾個兒子，手足相殘，唐朝宮廷裡發生了「玄武門之變」。這一年的八月裡，李淵讓位給李世民，也就是歷史上有名的唐太宗。立下宏願後的玄奘，邀集了幾位有心西遊的僧人，組成一支小小的旅行隊伍，聯名向朝廷上表，申請出境。那是唐太宗貞觀元年（西元六二七年），李世民登基未久，對邊防還有許多顧慮，禁止人民出國。因此，玄奘他們的申請書沒有被批准。其他的人見朝廷不准，都打了退堂鼓，只有玄奘求法的決心堅定不變。

不怕挫折的玄奘，仍然繼續作西行的各種準備。他還知道，西行路上，會歷經殊方異域，須跋涉荒原、沙漠、雪嶺、冰湖，還要跟各色人等打交道，不

但體力要禁得起冷冷熱熱、忍飢挨餓的考驗，而且要通曉西域各地的方言，以利溝通學習。於是他每天除了盡量找機會磨鍊身體外，也向寓居長安的蕃人（有當時西域各小國的，也有印度的）學習印度地區的語文，增強自己的各種能力。

機會終於來了。原來自貞觀元年（西元六二七年）以後，河南到關中一帶，接連遭受霜雹災害，以致農作物沒有收成。朝廷見靠種田維持生計的人民，沒有食物可吃，一時又拿不出救濟辦法，只好下詔，聽憑災區百姓自由前往豐收地區討生活。這樣一來，大批災區民眾成群結隊逃離長安，四出流亡，形成一股股難民潮。

玄奘也在這一年，他二十六歲時，乘這個機會雜在難民群中，離開了長安，前往西方。

不久，玄奘在一批災民群中，發現了一位同道。玄奘跟這同道攀談後，知道他原是從秦州（今甘肅天水）到長安來求法的孝達法師，現在修習期滿，要回秦州，剛好和自己同路。孝達法師不僅對往來長安、秦州的路很熟，對玉門關以外的西域民情也知道得不少。

從長安到秦州，全程約有八百里。出了長安城，展現在眼前的是一片荒漠的黃土高原。路上的村落本來就不多，只在道路兩旁的山坡間有稀稀落落可住人的窯洞。現在這些窯洞的主人，大都因爲逃難離開了，更顯得眼前這片荒原的冷冷清清、淒淒涼涼。

兩位法師在路上走走歇歇，大約走了十來天，終於到達秦州，同住了一宿。第二天一早，玄奘原打算獨自上路，往蘭州（今甘肅省會）出發。誰知道就在這個時候，恰好有一個從蘭州到秦州來辦貨的客商，辦齊了貨品，正準備回去，玄奘就順便請他做嚮導，跟著上蘭州去。

蘭州是長安往西域路上的重要門戶；離開長安，一路所接觸到的，盡是冷清、淒涼的景象。到了蘭州，才又看到街上有熙來攘往的行人。玄奘在這裡住了一宿，第二天又繼續往西方走。

當玄奘步出蘭州北門，在黃河南岸要渡河到北岸的時候，無巧不巧地又遇見一個從涼州（今甘肅武威）護送官馬，交了差要回去的人，也在那裡等著搭羊皮筏過河。玄奘就跟他結伴，一起往涼州走。

說起來也眞巧，這名護送官馬的差人，原來也是個佛教徒。他聽說玄奘是長安城內有名的法師，一到涼州，就替他傳揚，並請他留下來宣講佛法。

玄奘本來只想在涼州休息幾天就繼續西進的，沒想到在涼州一開講經筵，就引起轟動。後來，聽眾愈來愈多，到講經結束，信眾布施的金錢財物堆積如山。玄奘把它分作兩份，一份作燃燈的香油供養，另一份則轉贈給當地寺院。

因爲講經的事太轟動了，也引起涼州都督李大亮的注意，而惹了一點小麻煩。

06 冒險越過國界

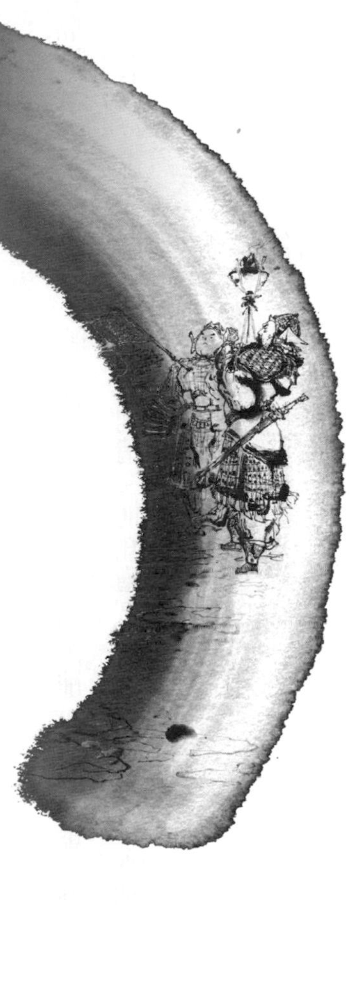

原來那個時候，朝廷有旨，嚴禁百姓私自出境，所以邊關各地的官吏，防制很嚴。李大亮聽說玄奘是從長安來涼州的和尚，講經期滿還準備到婆羅門國（婆羅門是古代印度國內最尊貴的種姓，因此古稱印度爲婆羅門國），就派人把玄奘請到都督衙門，親自詢問他的行蹤及目的地。玄奘據實相告，李大亮不准他西進，並逼他回京。這一來，玄奘的行動受到監視，增加很大的困擾。

幸虧當時涼州有一位慧威法師，是河西地區的佛門領袖。他很器重玄奘的才學，對玄奘西行求法的大志，尤其同情。他知道玄奘遇到困難後，立即派了慧琳和道整兩名弟子，幫助他脫困。他們乘著月黑風高的夜晚，暗地裡離開涼州，向西方行進。從此，他們不敢公開露面，白天找地方隱避，夜晚才開始趕路。一行人沿著祁連山北麓的崎嶇山路，經過甘州（今甘肅張掖），轉向肅州（今甘肅酒泉），好不容易通過兩千多里的河西走廊地帶，到達瓜州（今甘肅的安西、敦煌等地區）。

瓜州的地方長官獨孤達，也是個佛教徒，聽說有從長安來的高僧，十分高興，立即熱烈接待。玄奘向他探聽西行的路程，有人說：「從這裡向北走五十餘里，有一條下邊寬、上面窄，稱作葫蘆河的，水流湍急且深，不是輕易可以渡過。何況岸邊的玉門關（今甘肅敦煌西），又是往西方必經的路。玉門關西北還有五座烽火台（今甘肅境內），每座烽火台相隔一百里，都有士兵駐守。至於烽火台以外地區，就是屬於西蕃伊吾（今新疆哈密）國境，名為莫賀延磧（今稱塔克拉瑪干沙漠）的大沙漠了。」

由於唐初的瓜州是國家最西的邊境，出了邊關就是蕃胡的活動區。守衛烽火台人員如發現敵人有所行動，白天會點燃狼煙，夜晚則舉烽火；第二座烽火台見了第一座的烽煙，立刻跟著燃煙或舉火。這樣一座接一座的點燃烽煙警告，後方得知軍情，馬上警戒備戰。因為它是軍事要地，一般人是不能輕易接近的。

從涼州伴送他同來的慧琳和道整兩人，到達目的地瓜州後便回去。聽了這番轉述的玄奘，正不知道該怎麼辦才好？就在這時候，從涼州轉來查緝下落的公文，已經到達州吏李昌的手裡。李昌是一名虔誠的佛教徒，懷疑新近出現的陌生僧人就是玄奘，帶著公文來到法師面前問：「您就是玄奘法師嗎？」

玄奘因爲還不明白對方的身分和來意，楞在那裡，不知道該怎麼回答？正在躊躇時，李昌又說：「法師，您一定得實話實說，弟子才能替您想辦法。」玄奘見對方態度十分誠懇，就據實把立志西行求法的動機和目的，一一跟李昌說明。李昌聽了深受感動，說：「您的願望實在難能可貴，我一定不會爲難大師。不過，大師也要早日離開，比較安全。」

玄奘聽了這話，雖然暫時放了心，但是對怎樣避開烽火台的監視，安全的西行，還是想不出可靠的辦法。

玄奘在瓜州的一個小寺裡，已經住了一個多月，仍然想不出該怎樣脫困。不過他倒是想到要通過大沙漠，光靠走路是不行的，就去買了一匹代步的馬。但是單有馬，沒有人帶路，他還是不敢貿然行動。

最後，玄奘只好在寺裡的彌勒佛像前祈禱，請求菩薩指點和庇佑。正在祈禱的時候，他忽然看見一個年輕的胡人進寺拜佛。胡人見到玄奘，就恭敬地行禮。玄奘問他姓名，年輕胡人自稱姓石，名叫槃陀，願意受戒做弟子。

玄奘見他態度誠懇，就答應了他。石槃陀立刻轉身回去，不久帶來一籃胡餅和水果供養玄奘。玄奘請他當嚮導，他也立刻答應了，約定第二天傍晚再見面。

到了第二天傍晚，玄奘在約定的地點等了一會兒，石槃陀不但準時出現，還帶了一個老胡人騎著一匹又老又瘦的紅鬃馬一同來到面前。玄奘詫異地看著他們，石槃陀說：「這位老伯伯，往來伊吾三十多次，對西行的路途極有經驗，所以特地請他來見師父。」

老胡人見到玄奘，就說：「往西方的路，非常險惡難走。路遠還在其次，沙漠中的熱風、鬼怪出沒無常，萬一碰上了，危險很難倖免。商人成群結伴的走，還常常迷失方向，甚至丟掉性命，何況法師單身一人，怎麼去得？請您多多考慮，不要拿生命開玩笑！」

法師堅決地回答：「貧僧爲了取經求法，早已立定決心。如果到不了婆羅門國，就是死在路上，也絕不中途反悔。」

老胡人見勸不動法師，就說：「法師如一定要前往，請您就改騎我的馬。

這匹馬跟我來回伊吾走了十五趟之多，腳力強健，路途又熟，比較可靠。法師的馬看起來太嫩了，恐怕跑不了那麼遼遠的沙漠區。」

玄奘聽了這話，再看看對方的馬，覺得老胡人說的有理，就跟他換了馬。老胡人也滿意地跟法師道別，騎著新換的馬，轉身回去。

這時候，天色漸漸暗了下來，玄奘把行李配備安頓好，藉著星光，跟石槃陀兩人沿著葫蘆河向上游走，約莫三更時分，看到一個河面寬的地方，岸邊又有一片番梧桐樹林，玄奘在那裡停下腳步，石槃陀拿起身上的佩刀，砍下幾棵番梧桐，搭架在河面上，鋪上青草，填些泥沙，渡過河去。

過了葫蘆河，玄奘稍稍安了心，找一處草地，打開行李，躺下休息。石槃陀就躺在離玄奘大約五十步的地方。睡沒多久，玄奘見石槃陀忽然悄悄起來，拔出雪亮的佩刀，緩緩地向自己走來，走了十來步，卻又退回去。玄奘弄不清這年輕的胡人究竟要做什麼，只好坐起來，嘴裡不斷念著觀音菩薩聖號。石槃陀見到這種情形，終於回到原地躺下睡覺了。

第二天一早，吃過乾糧，石槃陀突然對玄奘說：「西行前途險惡，我也放心不下家裡的人，實在不想再走了，您還是另請高明吧！」玄奘見他無意同行，勉強不了，也就讓他回去了。

石槃陀離開後，玄奘又想起老胡人警告的話：「在沙漠裡，成群結伴的走，還常常會迷失方向，甚至丟掉性命，更何況單獨一個人！」但是為了求法，既然下了決心，還是非去不可。他只好獨自一個人悄悄地出了玉門關。

關外一片荒漠，四顧茫茫。玄奘獨自西向走了約八十里，遠遠看到矗立在沙漠中的第一座烽火台。他心想，那裡既有駐兵，附近一定有水。但是他怕被發現，躲在沙溝裡不敢再前進；等到天黑，才偷偷牽馬走近台下。那裡果然有水，他立刻蹲下身子，用手捧水來喝。然而，當他正要拿馬背上的皮囊裝水的時候，忽然「颼！」的一聲飛來一枝箭，差一點射中膝蓋。他吃了一驚，正在遲疑，第二枝箭又射過來了。

玄奘立刻站起身來，對著烽火台高聲喊：「我是和尚，從京師來的，請長官不要再射了。」

說著，他壯起膽子，牽著馬向烽火台走去。烽火台上的士兵也開門出來，

帶玄奘去見他們的軍官王祥。王祥見玄奘的穿著，知道他不是本地和尚，就問他打哪裡來？又要往哪裡去？玄奘一一據實回答。

王祥也是個虔誠的佛教徒，就勸他說：「西去的路途遙遠艱險，法師一個人是去不得的。弟子是敦煌人，不如送您回敦煌，那裡有我認識的法師，一定會歡迎您留下的。」

玄奘回答：「我是洛陽人，從小就出家，全國的大師，從京師到成都、從南方到北方，我拜望過很多。但因爲國內經本不全，解說各異，迷疑莫解，才發願不顧生死，往西方求法。現在先生不加勉勵，反而勸我退返，難道這是佛弟子應有的作法嗎？」

王祥聽了，很受感動，即刻改變態度，安排玄奘休息。第二天一早，跟法師同進早齋後，又親自送行十餘里，到了一個路口，才依依告別說：「弟子有職務在身，只能送到這裡。師父從這條路西進，繞過二三兩烽，直向第四烽。那裡的守烽官，是弟子同宗王伯隴。他雖然不信教，但很有善心，您只要說是我教您找他的，就一定會得到幫助。」

跟王祥分手以後，玄奘獨自前往第四烽。到了夜間，接近烽火台的時候，原想不聲不響地取水，繞過烽火台直接西行就好。誰知道當他走近水邊，正要取水時，像是警告他不得妄動的飛箭，已接連射了過來。

他只好牽馬向烽火台走去，守台的士兵帶他去見王伯隴。聽了玄奘的陳述，王伯隴果然高興地留玄奘住宿，還送了他一皮囊的清水和許多乾糧，並且說：「前面第五烽的守軍軍官是一個莽夫，能夠不惹他最好。從這裡繞過第五烽向西，大約一百里左右，就是野馬泉，你可以在那裡補充飲水。過了野馬泉，就是黃沙八百里，上無飛鳥、下無走獸的莫賀延磧。這段路最難走，法師可得小心了！」

離開烽火台不久，玄奘就孤身進入有八百里行程，被稱爲莫賀延磧的荒漠了。

莫賀延磧，古稱流沙河。它之所以被稱爲流沙河，是因爲這一片廣漠的黃沙，由於強風吹襲，流沙不時在荒野上翻滾，就像那大河裡滔滔巨浪，一波接一波地洶湧滾動。

現代的地理學家還將一般所謂沙漠，分成戈壁和沙漠兩類。據說，「戈壁」是蒙古語，指的是石礫質的荒漠，跟一般稱沙質的荒漠爲沙漠，是有分別的。還有，按照莫賀延磧的地理位置揣量，它應位於現在新疆猩猩峽以西到哈密（唐初的伊吾國）途中的塔克拉瑪干沙漠。

沙漠中流動的沙丘，因爲強風的吹搬，會隨時移動，也會隨時變形。倘行旅不幸遇上，人畜都有被活埋的危險。而這八百里荒漠，除了滿目黃沙，是沒有路的，旅人只能憑著地面的骸骨和駝馬糞跡前進。

有時候在沙漠裡，人們遠遠地會望見城堡、樓閣、軍隊、船舶等，等走近時，卻又消失無蹤了。這是沙漠裡常有的海市蜃樓的幻影，也正是傳說中所謂的妖魅精怪。

玄奘在沙漠裡走了約莫一百多里路，始終沒有找到野馬泉的地方。他想，或許是他自己迷路了。在這上無飛鳥、下無走獸，又無居民或旅伴可以問路的荒漠中，他又累又渴，只好就地坐下來歇息。但是當他取過盛水的皮囊，解開來想要喝水的時候，不知怎麼的，竟然失手滑掉了皮囊，一整袋的水都打翻在沙地裡了。

眼見飲水盡失，引起了玄奘的極度恐慌。因爲他知道在沙漠裡旅行的人，水是第二生命，沒有了水，在四顧茫茫的荒漠裡，寸步難行，只有想辦法回第四烽補充水再說。這樣一想，他立即掉轉馬頭向東走。

大約走了十來里路，玄奘愈走愈覺得不對：「當初下決心西行求法的時候，自己曾經發過重誓：爲求無上正法，如果不到天竺，絕不東歸一步。如今怎麼又回頭了呢？」

想著想著，他咬牙說：「寧可西進而死，絕不歸東求生！」

玄奘咬了咬牙根，嘴裡念著南無觀世音菩薩的佛號，又拉著馬韁，轉身西進。爲了堅定自己的信心，他還在馬上仰天祈禱說：「弟子玄奘，立志西行，不爲財利，不爲榮名，只爲求無上正法，懇求菩薩助我完成願望，慈念群生，救苦救難。」

就這樣，他白天望著太陽，夜晚對著星光，向著西北方前進。走了五天四夜，滴水未沾，到後來終於支撐不住，暈倒在沙溝裡，馬兒也在他身旁倒下去，不停地喘著氣。

就在這人和馬都面臨死亡的時刻，深夜裡忽然吹起一陣透骨的寒風，吹得玄奘像沖了冷水澡似地甦醒過來。不一會兒，那馬兒也跟主人一樣，嘶叫著站了起來。

玄奘睜開眼睛，慶幸自己還活著，於是又騎上馬，繼續前進。前進了約莫十多里路，那匹馬忽然不聽指揮，昂頭向另一個方向狂奔而去。玄奘竭力想拉住牠，馬兒卻只管往前直跑，完全不受控馭。控馭不了坐騎的玄奘，只好放任馬兒自由奔跑。

不久，他突然發現前面不遠的地方，有一片綠茸茸的草地，旁邊還有一個碧澄澄的水池，合起來約有好幾畝地的水草，這眞是絕處逢生！

他喜出望外地立刻跳下馬來，讓馬兒盡情地享受青草。他自己也走近池邊，喝了幾口甘冽的水，然後取下皮囊裝了滿滿一整袋的水，又洗洗手、抹抹臉，在水草地整整休息了一天。

玄奘把精神養足後，看了看身旁恢復了體力的馬兒，他點點頭在心裡想著：那老胡人說得不錯，這眞是一匹値得信賴的識途老馬。

因爲對坐騎有了信心，所以當他騎上馬再度出發，就放任馬兒自己辨別方向，不再加以控馭了。結果，在跑了兩天兩夜以後，果然就走出了荒漠的莫賀延磧，遠遠地見到一座城堡，矗立在自己眼前了！

玄奘知道，那一定是人家早就告訴他的伊吾國了。伊吾國即是現在新疆的哈密，東漢時就是中國屬地；隋末唐初時，屬於西突厥的勢力範圍（直到唐太宗貞觀六年〔西元六三二年〕收復，置伊州）。

出了荒磧的玄奘，心情終於輕鬆了。他想起東晉法顯大師當年西行求法，也曾經歷險度越荒磧。不過，當時法顯還是跟慧景、道整等五人一起同行，不像自己孤零零地單身獨行。

玄奘進入伊吾國，掛單住宿城裡的玉佛寺。想不到剛進寺，竟驚動寺裡三名來自漢地的老和尚。其中一位年紀最大的老和尚，聽說從長安來了一位玄奘法師，竟然高興得連衲衣也來不及整帶，就光著腳跑出來。一見到法師，立即擁抱大哭，還邊哭邊說：「想不到今生今世，還能見到故鄉人！」

在迢迢數千里外，穿越沙漠絕域，竟然還能在異鄉跟自己的同胞相遇，這實在也是玄奘始料所不及呀！而在另一方面，法師的突然出現，不但令中國籍的和尚驚喜萬分，就是寺內的胡僧和當地居民得到消息，也引起意外的轟動，紛紛來參禮探訪，使玉佛寺頓時熱鬧起來。

這時候，位於伊吾西方的高昌國（今新疆吐魯番境內），有使者在伊吾接洽公事完畢，正準備回國，親眼看到玄奘法師在當地造成轟動的情形，回去以後就向他們的國王鞠文泰報告。

07

高昌國的際遇

古高昌，是漢族人在新疆吐魯番盆地建立的國家，離唐代京城長安有四千餘里。唐太宗即位初年，高昌王鞠文泰曾經進獻製作皮袍的狐狸毛皮，表示慶賀，太宗也回贈貴重物品答謝。

鞠文泰是個虔誠的佛教徒，他聽說從長安來的玄奘法師到達伊吾國，認爲機會難得，立即派遣迎賓專使前往，還選了數十匹好馬，在沿途設置接待站迎候玄奘法師。

玄奘本來要從伊吾西北方進發，翻越葱嶺，直接進入北印度，並不打算經過高昌國的。可是高昌國的專使，一再表示高昌王誠心相邀，非去不可。在盛情難卻下的玄奘，只好改道前往高昌。

一行人在路上走了六天，到達高昌邊界白力城的時候，太陽已經下山，玄奘向大夥兒說：「一路上大家都很辛苦，今天我們就在這裡歇息吧！」可是迎候的人員卻都說：「王城就在這前面不遠，還請法師換馬繼續前進。」

玄奘見大家都沒有要休息的意思，也只好換了座馬，跟大夥兒繼續走。等他們到達王城門外，已是半夜，可是當守城的人向國王報告法師抵達的消

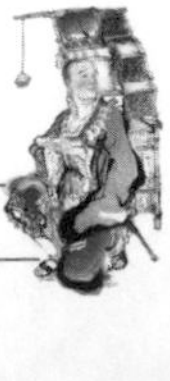

息，國王鞠文泰立即下令大開城門，並且親自出宮迎接。

這時候，從王宮到城門的路上，燈燭大亮，街道照耀得有如白晝一般。沿街百姓也聞風出門，擠到街上爭睹法師風采。鞠文泰更親自恭迎法師進入皇宮內苑，殷殷詢問法師從長安出發後的情形。他誠懇地說：「弟子自從仰聞法師大名，就渴望相見。計算行程，知道法師今夜必可到達。我跟王妃以及宮中人等都不敢就寢，一邊讀經書，一邊敬候法駕蒞臨。」正說著，王妃也親自率領宮中女侍前來參拜。

時間已過了四更，天色漸露微明，玄奘因爲連日趕路，顯得有些疲倦。鞠文泰看了，不忍再拖延時間，就請法師休息，並留下宮中服務人員，伺候法師安歇，便告辭回宮去了。

第二天清早，玄奘法師還在熟睡；高昌王鞠文泰就率領王妃及一班大臣，趕來門前，靜候大師起床。好像爲了接待大師，大家根本一夜沒睡，坐著等候天亮的樣子。

過了一會兒，玄奘法師醒來，高昌王立刻趨前說：「弟子思量，法師走那麼遠的路，又獨自隻身通過八百里荒磧，即使不是奇蹟，也必蒙神佑，非普通人輕易能做到，十分難得。」

鞠文泰國王說著說著，竟情不自禁地流下感動的熱淚。靜默了一會兒，鞠文泰好不容易地止住了眼淚，這才向玄奘法師介紹了該國的兩大法師出來相見。

一位是早年曾到長安求法的彖法師，深明各種法相，很受高昌國人的敬重；另一位是高齡八十餘的國統王法師，年高德隆。他們都受到高昌王的囑託，勸說玄奘法師留在高昌弘法，不必再去印度，受跋涉之苦。

玄奘在高昌住了十多天，國王鞠文泰每天早晚都來問候，殷勤供養，使他心裡十分不安。

這一天，玄奘在見到鞠文泰的時候，向他辭行說：「在這裡打擾了十幾天，實在過意不去，請大王讓我繼續西行，以了心願。」

鞠文泰一聽，就說：「我已經請彖法師和國統王法師轉達弟子心意，請大師在這裡留住下來，難道他們兩人沒向您轉達弟子的誠意？」

玄奘回答：「留住雖然是大王的恩寵，但是跟我最初西行爲求正法、解疑難的心意不合，實難從命。」

鞠文泰又說：「弟子年輕時候，跟隨先王鞠佰雅遊歷大國，到過東西二京（指現在的河南洛陽和陝西長安）以及北方各地，拜望過許多名僧大德，都沒有特殊感覺。唯有承仰法師德號，就感到十分開心，覺得特別有緣。因此，特地懇請玄奘法師長住敝國，接受弟子供養；而且下令全國臣民都拜依門下，做佛門弟子。現在我的國內僧徒雖然不是很多，也有好幾千人，可以令他們執經，當法師的聽眾。懇請法師體察我一片微薄的誠心，不要再提西行的念頭。」

玄奘聽了很感動，只好委婉地解釋說：「大王的厚意，實在愧不敢當。但是我這次出門，並不是爲了個人的享受供養，而是爲了國內譯經不全、法義未明，自己心中還有許多疑惑，所以才不惜生命，希望直接探訪眞跡，往西方請教前所未聞的大法；使大乘的甘露，不僅灑於西土，也能遍傳於東邦。我這區區問道求法的心志，只會一天比一天堅強，豈可半途而廢？伏願大王收起感情，不要再把眷顧我的事放在心上。」

玄奘雖然婉辭得很懇切，鞠文泰卻一再地堅決請留，口氣絲毫不肯放鬆，而且在供養方面，也比以前格外優厚。

玄奘見費盡唇舌，仍改變不了高昌王鞠文泰癡迷的挽留，只好改換方式，端端正正地坐在自己的位子上，不但不言不語，而且不吃一粒飯、不喝一口水。

這樣一連堅持了三天，到了第四天，鞠文泰發覺玄奘法師氣息奄奄，感到慚愧、恐懼，立刻在玄奘面前磕頭說：「任憑法師西行，請法師即刻進齋吧！」

玄奘怕鞠文泰反悔，要他對天發誓。鞠文泰就說：「如果一定要這樣做，那我們就一起到佛前，共同締結佛緣吧！」

於是，他就用手牽起玄奘，一同進入道場禮佛。當著原在道場念佛的鞠母張太妃面前，跟玄奘結爲兄弟。他又懇請法師繼續在高昌暫留一個月，開講《仁王般若經》；並在講經期間，爲法師籌備及製作遠行所需衣物。他強調一

個月期滿，一定聽任法師西行求法，但請法師回國時，轉道高昌接受供養三年。玄奘均一一應允，鞠文泰才開心地笑了。

玄奘跟高昌王鞠文泰在佛前結爲兄弟，並立即拜鞠母張太妃爲義母，這才開始進齋，算是圓滿解決了一場意料不到的障礙。

鞠文泰特別下令趕工，三天內搭築了一座大營帳，內部可容納三百多個座位；並把宮裡自太妃以下的女眷、文武大臣等等，分區設座，大家從這三天起，每天圍聽法師講經。

每天開講前，依例由鞠文泰親自捧著香爐，接引前導。到了法座前面，鞠文泰又屈身爲磴，使玄奘法師踏腳而上，而且天天都是這樣。可見得法師的講經感人至深，也可見高昌王對法師和佛法的虔誠和敬重。

一個月很快地就過去。經會完畢，高昌王在國內選了四名聰明健壯的青年，請玄奘法師剃度他們爲沙彌，以備法師西行途中的差遣。又因爲西方多寒冷地帶，除了特製法服三十套之外，並趕製了面罩、手套、長統靴、毛襪等等禦寒物品。還特別準備了黃金一百兩、銀錢三萬、絲綾綢絹等五百疋，充作法師往返西方二十年所用的川資；另外，備有駿馬三十匹、伕役二十五人，以及綾綃五百疋、果味兩車，特派殿中侍御史送給西突厥的葉護可汗。

原來，隋末唐初，位於阿爾泰山一帶的突厥族，極爲強盛蠻橫。開皇三年（西元五八三年），隋文帝派兵將它打敗，而分東、西二部。

東突厥在唐朝初年，趁著中原混亂，屢屢進犯內地，殺掠人畜、搶奪糧食等；貞觀四年（西元六三〇年），才被李靖等率軍擊潰，但西突厥仍然稱霸西域。在玄奘西行經過高昌的時候，高昌、焉耆、龜茲（屈支）等國，還都依附西突厥，阻斷絲路的交通；直到唐高宗顯慶二年（西元六五七年），始爲唐朝將軍蘇定方所滅。

爲了玄奘法師能順利通過絲路，早日平安到達印度，高昌王鞠文泰費盡苦心，特遣使臣，並且貢獻貴重禮品給西突厥的葉護可汗。他還親筆寫信，說明大師是他的結義兄弟，現在要前往婆羅門國求法，請可汗特別推愛，一方面派駿馬護送大師，一方面關照以西的各國，盡量給大師各種幫助和方便。

玄奘看到鞠文泰爲他準備的這樣周到，以及種種出乎意外的優待，實在過意不去。他特別上書，向鞠文泰表示內心的感謝。鞠文泰卻淡淡地表示說：「法師既答應做我的兄弟，那麼凡是國家所有的東西，你我都有份，還謝什麼呢？」

在玄奘動身要離開高昌的那一天，鞠文泰還率領文武大臣、諸僧、百姓等，送法師出城西。鞠文泰還抱著法師痛哭，一時之間，傷心離別的痛哭聲，震動了郊野。

鞠文泰含淚下令宮中女眷、全城百姓及送行群眾，不必再往前送行。但他自己和親信人員、諸僧眾，卻仍舊騎馬送行了幾十里，依依不捨地和玄奘作最後的道別。大家都站在原地望著法師的背影逐漸遠去，直至完全看不見了才回去。

08

艱險的西行路

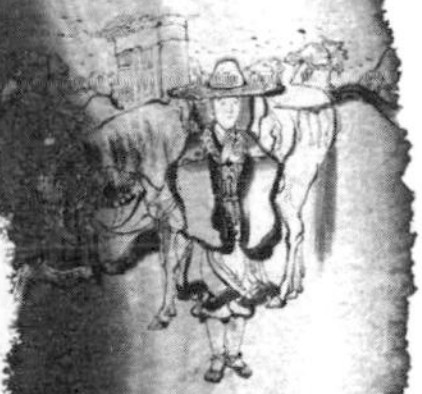

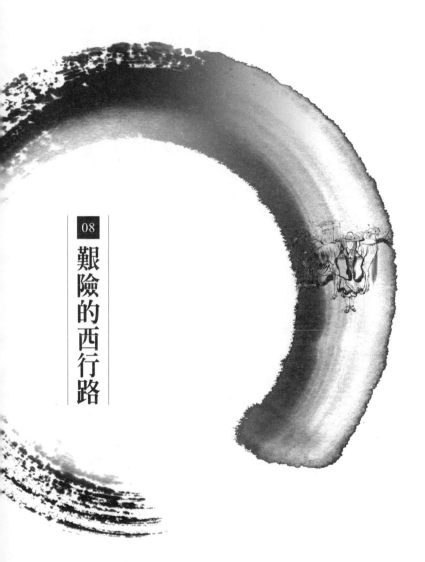

離開高昌國西行的玄奘，和當初私自離開唐朝邊境時的情景，眞是大不相同了。當初他未得朝廷允准，爲求正法擅自離境，是偷偷摸摸，單身西行；現在卻有四名沙彌服務，並有大量伕役、駿馬和禮品護送。

玄奘在途中經過了一些綠洲地區，大約前進了二百餘里，到達了阿耆尼國（今新疆焉耆）。

途中，有一個有名的阿父師泉。據說，這裡原是一片沙塵，並沒有這個泉水，後來卻傳出了一個神奇又有趣的故事。

長久以來，阿耆尼國就是往來絲路上的阿拉伯等商販必經的中途站。有一年，有一隊由好幾百人組成的商隊經過這裡。他們都累得又飢又渴，大夥兒正想坐下來喝點水解解渴再走，卻發現皮囊裡的水早已在途中喝光。

這時候，商人們發現大路兩旁，所見到的只有高達數丈的一片沙崖，光禿禿的，連半根草都沒有，哪裡還有水泉的跡象？正當大家都在著急的時候，有人想到隊伍裡有一名行腳僧。他們想，這和尚不帶行囊，跟著大夥兒一起走，一路上由大家供他吃喝。和尚是信佛敬佛的，現在大家在這裡受煎熬，

看他能不能幫忙想個辦法？那和尚也像猜到了商隊的心事似地說：「你們如果想得到水，都得跟我一樣地拜佛，還得皈依佛、法、僧三寶，並接受戒殺生、戒偷盜、戒邪淫、戒妄語、戒酗酒等五戒。如果大家做得到，我就替你們登上這沙崖求水。」

商隊們正在惶急無主的時候，聽到和尚這樣說，都立即答應說：「我們願意，我們願意！」

和尚就說：「當我攀上沙崖以後，你們要喊：『阿父師！請您為我們下水。』那時候，隨你們要求多少水，都會得到滿足的。」

當和尚登上沙崖不久，商隊們遵照約定，都跪下來請求。不久，沙崖的半腰中間果然湧出一道清泉，滿足了大家的需求。當他們喝夠了，也在水囊中盛滿了水，卻不見和尚下來。許多人爬上沙崖一看，原來和尚已經在崖上坐化了。大家立刻轉喜為悲，號啕大哭起來。接著，眾人就按西域的習俗，在和尚坐化的地方，壘聚磚石為塔紀念他。

阿父師泉就是這樣流傳下來的。在玄奘前往印度求法，經過阿耆尼的時候，紀念塔依舊巍然矗立在那裡。而玄奘他們，因到達這裡時天色已暗，就在阿父師泉旁邊住宿了一夜。

第二天一早，玄奘的人馬才浩浩蕩蕩出發，經過所謂的「銀山」（回語庫穆爾，因產銀礦而得名，西域各國製造銀幣所用的材料，都出產在這裡），然後向阿耆尼王城前進。

在玄奘出發向阿耆尼王城前進的同時，還有一批幾十個阿拉伯商販，因爲想趕到王城參加早上的市集，半夜裡起來偷偷趕路，走到十多里外一個地方，遇見了一夥強盜，不但被搶走了所有的貨財，甚至賠上寶貴的生命。第二天，玄奘他們發現路上屍橫遍地，對於這些「人爲財死」的商人的悲慘下場，大家都十分同情。

玄奘一行再往前走了不久，王城已經出現眼前，也隱約可以見到阿耆尼王率領他的臣民，在城門前列隊迎接他們。

阿耆尼在當時是西域的一個小國，以前曾受高昌國侵擾過，接待玄奘等人，雖然禮貌周到，卻不十分友善。玄奘也只在那裡停留一個晚上，第二天一早就趕往西南的屈支國去了。

屈支國（今新疆庫車，古代稱爲龜茲）也是西域的一個小國家。聽說有大唐的玄奘法師將要到訪，屈支國王率領文武群臣和有名的高僧木叉鞠多，親自到王城郊外恭迎。其餘數千僧眾也都在城東門外，張搭營帳，安置佛像，並奏樂表示歡迎。

第二天，玄奘到王城西北的阿奢理兒寺拜會住持木叉鞠多大師。

木叉鞠多大師遊學印度二十多年，精通各種經論，對於「聲明」學（相當於語言學）尤其擅長，被尊爲當地佛學界的權威，深受國王和國人的尊敬。他起初見到玄奘，只當普通客人接待。後來談起經論，他又誇張地說：「本國現在《雜心》、《俱舍》、《毘婆沙》這些經論都具備。如果要學，是足夠你學的了，何必再往西方去受那麼多辛苦？」

玄奘問他：「這裡有《瑜伽師地論》嗎？」

木叉鞠多一聽，變了臉色說：「你爲什麼問到這本邪見歪說的書呢？眞正的佛門弟子，是不學這些的。」

玄奘原本懷著尊敬的心情來參見的，現在聽了這話，察覺眼前這位大師所知其實有限，就說：「《毘婆沙》、《俱舍》，我國早有流傳，遺憾的是理疏旨淺，不是大乘的究竟之學，所以才西來要學大乘的《瑜伽師地論》。還有，《瑜伽師地論》是後身菩薩彌勒所說，你卻說是邪見歪說，難道不怕下地獄嗎？」

木叉鞠多聽了，說：「《毘婆沙》你或許沒有深入了解，所以說它不夠精深。」

玄奘說：「這樣說來，大師是不是了解呢？」

「我當然完全了解。」大師答。

玄奘就提出《俱舍論》開頭的一些文句，請他解說。不料木叉鞠多一開口就說錯了，玄奘怕再追問下去，使他太難堪，只好另提一段原文問他。誰知他不但不通，反而說原書裡沒有這段文句。

這時候，在一邊聽他們談論的屈支王叔父智月大師，馬上取出一本《俱舍論》來，指著原文給鞠多看。

鞠多非常慚愧，連說：「是我年紀太大，記憶不清了！」

從此，木叉鞠多見了玄奘，或者站起來打招呼，或者想辦法躲開，不敢再像以前那樣傲慢，擺出權威的架子了。他還私下對人說：「這個大唐和尙，不容易對付。他如前往印度，那裡的年輕人未必勝得過他。」

玄奘到達屈支的時候，正是冬天剛過的初春時節。爲風雪所封閉的凌山道路，冰封雪凍，還沒有開通而不能走。玄奘雖然心裡著急，卻走不了，只好耐心地等待六十多天後的解凍日子。這段時日，他除了在本地遊覽名勝古蹟，就是研究佛教的經典。

好不容易盼到了出發的那天，屈支王除了撥給玄奘駱駝、馬匹和民伕以外，還親自率領人馬送他出城，才依依道別。

玄奘向西走了兩天，行進了六百來里，穿過一個沙漠，到了舊名姑墨的跋祿迦國（今新疆溫宿）住了一個晚上。隔天又向西北走了三百里，穿過另一個沙漠，到達凌山，這裡是在葱嶺北邊，山勢險峻，峰高入雲。自天地開闢以來，爲冰雪所積成的冰層，自春到夏，都不曾溶解、凍結成一片，跟雲天相連。抬頭望去，一片白茫茫，看不出哪是天上的雲，哪是山頭的雪，好像它們從來就不分界限。

崩坍在路旁的冰層，有的高達百尺，有的長達數丈，橫在路上。加以風雪紛飛，舉步艱難，雖然穿再厚的袍子、再多的靴襪，也免不了凍得全身發抖。想要煮東西吃，就只有吊起鍋子，架火來燒；想要找個地方休息，就只有在冰上鋪開毛毯。這樣在山裡轉了七天，才走出山來。他的同伴們在山裡被凍死的有十之三四，駝馬等牲畜凍斃的更多。

玄奘出山後，到達大清池。大清池，又名熱海，是現在的俄屬伊塞克湖。它並不是湖水特別溫熱，只是因爲面對冰山雪嶺湖水卻不會凍結而得名。沿著大清池向西北走五百餘里，可以到達西突厥可汗所駐紮的素葉城（今吉爾吉斯斯坦托克馬克城附近），它又稱碎葉城。

玄奘到達素葉城的時候，西突厥的首領葉護可汗正準備出去打獵。可汗身穿綠綾袍，頂上露著頭髮，用一丈多長的素帛纏裹額頭並向後垂掛。有侍從人員兩百多人，都穿著錦袍，編著髮辮，圍繞在可汗左右；其餘的軍士們也都穿

著毛裘織品，執著旗弓。一眼看過去，長長的一排，不知到底有多少人？

可汗看到玄奘他們，非常高興地說：「我正要出門遠行，兩三天後回來，法師可以暫時在我這裡安歇一下，等我回來自然會作適當安排。」

說著，立刻派專人布置場所，安排玄奘他們的住宿。

三天過後，葉護可汗果然回來了。他一回到駐地，就派人請玄奘來相見。

可汗住在一個大帳幕裡，帳幕裡到處裝飾著金花，金光閃爍，燦爛奪目。文武大臣服裝整齊地分列在左右兩旁，其餘儀仗隊和侍衛人員直挺挺地站在身後。雖然只是遊牧民族的首領，看上去也頗有威嚴。

玄奘被引導人員帶到大帳幕附近，葉護可汗親自走出帳外三十餘步的地方恭迎，笑語慰問。

突厥人拜火，因為木頭可以引火，也同樣受崇拜，所以不用木製坐具，只為玄奘法師特別設置一具鐵交床，鋪設茵藉請他安坐。

過一會兒，引導人員又帶領漢使和高昌國使臣進來，呈遞國書及禮物，由可汗親自一一過目。可汗十分開心，吩咐兩國使臣入座，並下令擺開酒席、張設樂隊。可汗和諸臣、使節開懷喝酒，另外供應葡萄汁給玄奘飲用。雖然樂隊演唱的是夷樂胡音，仍然賓主甚歡。

不久，又進獻一批食物，卻都是烹羊羔、烤牛犢一類的食物。因爲玄奘法師不能吃這些，只好另外準備麥飯、酥乳、石蜜、刺蜜、葡萄等食品。

酒席過後，可汗請玄奘法師就地說法。法師知道他們喜歡狩獵，因此以佛教的十善業勸勉，強調要愛護動物，不要輕易殺害生靈，免招苦報，還特別宣揚波羅蜜多❶解脫法門。可汗聽了深受感動，就用手拍拍額頭，表示歡喜信受。

玄奘這樣一耽擱，停留了好幾天，可汗還不滿足，勸留說：「以法師這樣的人品和修養，不必再前往印度了。因爲印度地方，暑熱的時間比較長，到了十月還跟這裡的五月相當，恐怕法師到那邊會受不了。何況那邊的人赤身裸體，大都不講究儀態禮貌，沒有什麼可看的！」

玄奘法師聽了，暗自吃驚，怕又要重演高昌王鞠文泰那一幕勸留的情形，就回答：「我去印度，是想要追尋聖跡，仰慕正法罷了！」

可汗知道玄奘法師去意堅決，立即下令軍中訪求通解漢語及西方諸國語言的人才。不久，找到一名年輕人，他小時候到長安住過幾年，通曉漢語，就封他為翻譯官，護送法師前往迦畢試國（今阿富汗喀布爾東北部）。另外又送法師緋綾法服一套，絹五十疋。

除了以上這些，可汗特別寫了給各國的文書，分頭派人送往沿途所屬各邦國王。他囑咐他們，凡玄奘法師經過，一定要一路迎送，不可怠慢；有名寺聖跡的地方，也要妥為安排，讓法師能一一參訪、遊歷。

在玄奘動身離開那一天，可汗還親自率領群臣，送行十餘里，才離情依依地回去。

玄奘法師離開西突厥的素葉城後，向西走了四百餘里，來到了一個名叫「千泉」的地方。因為這裡多池沼，又有豐盛的樹木，所以成了一個避暑勝地，也是西突厥葉護可汗的夏都。

這地方還有一個特色，就是鹿群特多。那是因為葉護可汗特別喜歡溫馴的麋鹿，不許人民傷害牠們，所以鹿群在這裡得到適當的保護，喜歡和人群接近，也繁殖得很好。

玄奘又從千泉前進了一千餘里，經過了幾個西突厥所屬的小城鎮和國家，進入了一個大沙磧。沿路既沒有水草，也沒有路標，只能望著地面上的骨骸前進。走了五百多里，才離開沙磧，到颯秣建國（漢代譯稱康國，就是現在的撒馬爾罕）。

康國的人信火敬火，不信佛法。國內雖有寺院兩所，但向來沒有和尚居住；如有外來的和尚進寺投宿，都會被居民用火趕走。玄奘初到這個國家，國王礙於突厥可汗的面子，不能不勉強接待，但也是愛理不理的。

玄奘卻對國王宣揚因果，讚揚佛的功德，以及恭敬佛法的福報。國王聽了大受感動，很開心地要求吃齋受戒，對玄奘的態度也完全改變，非常殷勤和敬重。

另外兩個隨著玄奘同來的小沙彌，到另外的一個寺裡禮拜，被當地的胡人發現，舉火來趕走他們。小沙彌逃出來後報告國王，國王下令拘捕舉火的人，並且召集百姓，傳令剁這些人的手。玄奘正在講法勸勉人們行善，不忍心這些

人的肢體受到傷殘，懇求國王赦免他們。國王聽了玄奘的話，就下令痛打他們一頓，還把他們趕出都城。玄奘也趁此機會，在康國舉行大會，弘揚佛法，並剃度和尚，擔任寺裡的住持。

玄奘繼續沿著往印度的路線，向西及西南前進，一路走走停停，經過許多小國，到達一個山口。一眼望過去，山上山下一片光禿禿的，看不到水草。山路十分狹窄、險峻，只能容一個人通過。在山中盤繞了三百餘里，到達了一個稱作「鐵門」的地方。

這裡峰壁陡峭，岩石中多含鐵礦，山色赤黑，形成了自然的門，所以叫作「鐵門」。鐵門是一處重要的關塞，是進出西突厥必經的地方，大有「一夫當關，萬夫莫入」的態勢。玄奘通過了這三百多里艱險的鐵門山路，才平安地到達了睹貨羅（又譯吐火羅）國境。

睹貨羅國，在現在的阿富汗北部與撒馬爾罕西南部一帶，當時也是西突厥的一個屬國。從這裡步行數百里渡縛芻河（又稱烏滸水，為今阿姆河的上游），可以到達西突厥最南部的活國。

那時候的活國，在現今阿富汗昆士都附近，爲葉護可汗長子呾度設治理的地方（呾度是名字，設是可汗以下的長官，或邦主、土王的一種稱呼）。呾度是高昌王鞠文泰的妹婿，高昌王早就有信給他了。當玄奘到達的時候，公主可賀敦（也稱可敦，就是王妃的意思）已逝，呾度設也有病在身，看到玄奘法師，又得了高昌王國書，觸物傷情，跟公主的兒女一齊痛哭起來。他說：「弟子日前眼睛模模糊糊的，看到法師就明亮起來了，希望再休息一段日子，病體好了，能親自送法師前往印度。」

這時候，恰好也有一位印度高僧到達，見呾度設生病，就給他誦經治病，病也就漸漸好了。卻不料他病好以後，又繼娶了個妻子，這位妻子太年輕了，竟然受前妻所生的大兒子蠱惑，用毒藥殺死丈夫。由於高昌公主所生的兒子太小不懂事，就由前妻的大兒子繼承了王位。

因爲王位的變化，玄奘在活國也無意中多停留了一個多月。

他閒來無事，打聽到當時活國有位高僧叫達摩僧伽，曾經進學印度，是葱嶺以西佛法界的領袖。玄奘爲了探聽他對佛學眞正了解多少，派人去問達摩大師懂得幾部經論？達摩的學生聽了，認爲這是對老師不尊敬，都很生氣。達摩卻笑著說：「沒關係，我都懂得，隨便怎麼問都可以。」

玄奘知道西域一般國家的法師，都不學佛教大乘的經論，就挑小乘教派的經論，提問其中的幾種。達摩雖然也都能解答，但都不是很精通。對談之下，達摩大師對玄奘的佛學修養，表示了衷心的佩服。他的學生們也感到很慚愧，以後他們見到玄奘就很客氣，還到處公開讚譽玄奘的佛學修養，認爲是自己所比不上的。

活國新王繼位以後，玄奘要求他派遣使臣和好馬，護送他南往印度。新王說：「弟子所轄的縛喝國（今阿富汗北部），人稱小王舍城，有很多佛所遺留的聖跡，法師既然對聖跡有興趣，不如先去那裡巡禮瞻仰一番後再去印度。」

那時候，正好有縛喝國的和尚，聽說舊王去世、新王繼位，都趕來弔慰。他們聽說玄奘要前往印度，就說：「如果要前往小王舍城巡禮聖跡，又要南往印度，請從縛喝國直接向南走去，那兒有條好路，可以直接通往印度。如果再回到這裡，再前往印度，徒然多繞了冤枉路。」

玄奘聽從了他們的建議，就向新王辭行，跟隨縛喝國的和尚，一齊向小王舍城前進。

❖ 註釋 ❖

❶ 波羅蜜多：梵文的音譯。是說由生死迷界的此岸，到達解脫的彼岸。一般是指菩薩的修行而言。

09

精研小乘教義

玄奘和縛喝國的僧人們結伴，離開活國，向西南前進。一路經過幾個小國，都沒有停留，不久就到達了縛喝國。

放眼望去，城邑的規模雖不大，但是城郊視野遼闊，大地一片綠意，土壤也顯得肥沃。據說全城有大小佛寺一百來所，僧徒三千多人，不過都是信奉小乘教派。

在城外西南，有一所納縛寺，建築莊嚴宏麗。寺內的佛堂中，有三件鎮寺之寶：一爲佛沐浴罐，約有兩斗的容量；一爲佛齒，長一寸，寬八九分，呈黃白色，常會發出瑞光；另有佛用掃帚，是用迦奢草製紮而成，長三尺多，柄長三尺，上面嵌有五顏六色的寶石。每逢齋日，寺內就展出三寶，供道俗觀禮。佛寺北面有二百多尺高的佛塔，寺西南有一所修行小屋，常常有人在屋裡修行。

而在城外西北五十里，經過提謂城，向北走四十里，還有兩座三丈高的寶塔，據說是佛陀初成道時所造，也是很有紀念價值的建築物。

納縛寺裡，有名精研小乘的三藏法師，人稱慧性法師。他雖然不是本國

人，但是聽說縛喝國有許多佛陀遺留的聖跡，所以特別前來瞻拜。慧性法師自小聰慧好學，對於小乘的各種重要經典都有精深的研究，一聽說玄奘是從大唐西來求法，非常高興。玄奘法師也把久存心底有關幾種小乘經典方面的疑問，向慧性法師請教，都得到滿意的答覆，於是就在此寺停留下來。寺內還有兩名研究小乘三藏的高僧，分別被稱作法愛法師和法性法師，也都受到寺內僧人的尊敬。他們見到了玄奘法師明秀的丰采，相談之下，也相互表示仰慕。

那時候，在縛喝國的西南方，還有一、兩個小國家，聽說玄奘法師遠從大唐國西來，非常難得，都派遣國內的大臣來參拜，邀請大師去他們國家訪問並弘法。玄奘不願多所打擾，都盡量推辭。然而，那些國王再三派遣使臣來誠意相邀，法師見推辭無效，在不得已的情形下，只好跟隨使臣前往。那些國王見到法師的丰采都非常高興，盡量展示國家的金寶跟飲食，讓法師挑選。玄奘除了接受素齋招待以外，其他一概拒絕。之後他又回到縛喝國，繼續精研小乘的經典。

在縛喝國停留了一個多月，玄奘一面巡禮各聖跡，一面精研小乘教義。他

還從精研小乘的慧性法師那裡，通解了一些重要經書，和慧性法師結下了志同道合的法緣。也因此，玄奘法師離開縛喝國南行時，慧性法師也相隨。

玄奘一行經過揭職國❶，再折向東南進入大雪山，走了六百多里路，進入梵衍那國（今阿富汗興都庫什山脈南部的巴曼城）。

梵衍那國東西有兩千餘里、南北三百餘里，建立在山中。人民就依山勢高低建屋居住，都城也是據崖跨谷興建起來的。在雪山中，山路崎嶇，要通過它，比翻越一般山路或沙漠地區還要加倍的艱難危險，因爲山上的凍雲飛雪從未停止過。從前漢朝的王遵，爲國事往返九折坡時，曾自嘆說：「我是漢朝的忠臣，所以才不顧父母遺留的身體，走這樣危險的山路。」現在法師跌跌撞撞地攀越雪嶺到西方求經，也可以稱得上是如來佛的眞弟子！

就這樣爬爬跌跌，漸漸走到梵衍那王城。那裡有十多所寺院，也有好幾千的僧徒。不過，他們平日都研習小乘部派的教義，並沒有聽聞什麼大乘的正法。

王城東北的山坳中，有一座石雕的立佛像，高約一百四、五十尺，佛像東面是寺院。在寺院的東邊也有四座黃銅打造的釋迦佛立像，高一百尺；寺內還有佛涅槃時的臥像，長一千尺。這些立像及臥像都法相莊嚴，唯妙唯肖。

從臥佛寺向東南行進二百餘里，過了大雪山，到達小川澤地區。那裡有一所寺院，寺中有佛齒和古代傳留下來的辟支佛齒，長五寸，寬不及四寸。又有金輪玉齒，長三寸，寬二寸，以及一個古代阿難尊者所持用的大鐵鉢等遺物。

玄奘法師在那裡巡禮聖跡，經過十五天，才離開梵衍那國。第二天，在山中趕路時，天空忽然飄起雪來，不久，四周都變成一片白茫茫的冰雪世界，路都不見了。勉強踏雪前進，到了一個小沙嶺，剛巧遇見一群獵人。玄奘向他們問路，得到獵人們的熱心指點，才翻過黑嶺，到達迦畢試國境。

迦畢試國（今阿富汗首都喀布爾境），是當時西方的一個大國，方圓有四千餘里，北方背對雪山，三邊和黑嶺相接壤。除本國外，國王還統轄十多個小國。在玄奘他們將要走近都城的時候，國王聽到消息，就親自率領各寺僧人代表出城迎接，表示歡迎。

迦畢試境內有寺院百餘所，各寺僧徒都競相邀請玄奘他們能前往。其中有一所崇信小乘的沙落迦寺，傳說該寺是從前漢天子的兒子，在這裡做人質的時候所建造。寺中的僧人說：「我們的寺院原是漢天子的兒子所造，現在法師從中國來，怎麼說都應該先到我們寺裡來住。」

玄奘法師見這些僧人代表，不但說得有理，態度也很懇切，而且同行的慧性法師是研究小乘教義的高僧，也不願意住到大乘寺，於是決定接受沙落迦寺僧人的邀請，住宿在他們的寺裡。

❖ 註釋 ❖

❶ 揭職國：有人說是現在的阿富汗達拉哈斯城。不過，有學者以為雖然兩處地名讀音相似，但還缺乏有力的考證，不能確定。

10

北印度古蹟的巡禮

迦畢試國王信仰大乘佛教，也喜歡舉辦講法誦經之類的活動。他見到玄奘和慧性兩位法師以後，就當面邀請他們在一個大乘寺舉辦法會。

他同時還請三名國內研究大乘教義的頂尖高僧參加，一位是秣奴若瞿沙（唐人稱作如意聲）、一位是阿梨耶伐摩（唐人稱作聖曹），另外一位是求那跋陀（唐人稱作德賢）。

他們三人雖然對於經義都各有專門研究，但是於專長以外的教義，卻都茫茫然。唯有玄奘法師兼通大、小乘，不論什麼人發問，他都能按照各人的問題，作適切的答覆，使人心悅誠服。

這樣一連舉行了五天，法會才圓滿結束。迦畢試國王非常滿意，從國庫裡取出五疋純綿特別贈給玄奘法師，其他的法師也各有不同的禮物賞賜。

法會結束後，慧性法師又被睹貨羅國王派人請了回去。玄奘自和慧性結識以來，兩人就非常投緣，如今這短暫而可貴的友誼卻不得不暫時結束，兩位法師就此離情依依地分開。

玄奘留在迦畢試國，陸續參謁了一些有名的寺院，又遊歷了其他一些名區

勝跡，如竭邏怙羅伽藍❶；又如大雪山龍池等所在，然後向國王辭行。

辭別迦畢試國王，玄奘法師一心一意走往求學取經的目的地——印度。法師在問明路線以後，立刻轉向東邊，踏上迦畢試通向印度的路前進。

玄奘在《大唐西域記》裡，對印度有總的介紹，譬如介紹國名時，他提到：印度古稱天竺，舊名身毒（《史記索隱》：身音捐，毒音篤），或稱賢豆，今從正音，應稱印度。……（中略）印度種姓、族類群分，而婆羅門特為清貴，從其雅稱，總謂婆羅門國。又說：古時的印度，分為中印度、北印度、西印度、東印度、南印度，故稱五印度，又稱五天竺。在玄奘到達印度的當時，印度境內分立大小七十多國。

玄奘一路上餐風宿露，向東行進了六百餘里，翻越黑嶺，終於到達北印度，進入濫波國（約在今阿富汗首府喀布爾以東一百公里的地方）。

濫波國面積有一千餘里，北境背對雪山，其餘三邊靠近黑嶺，都城周圍有十餘里。近數百年來，由於王族絕嗣，王位沒有固定的繼承人，以致各地豪傑紛起，全國卻沒有強有力的領袖，最近始歸附迦畢試國。這裡氣候溫和，冬天才可看見一點寒霜，卻從不下雪；土地適宜種稻，多產甘蔗，林木種類雖多，水果出產卻很少。濫波國的人民生活豐裕安樂，日常喜歡唱歌，不過他們大多生性怯弱又詭詐。而且大多數人身軀矮小，舉止浮躁。

全國有寺院十餘所，僧徒不多，信仰異道的人倒是很多，回教的教堂也不少。

玄奘在濫波國住了三天，就繼續往南走，到達佛頂骨城。這座城上的第二閣中，有七寶小塔，如來的頂骨就存放在小塔裡，而且還特別裝在一個寶函中，骨周長一尺二寸，是黃白色，顏色晶瑩。玄奘瞻禮後，得到很深刻的印象。

他還聽說附近有一個燈光城，又稱燃燈佛城，因爲這個城裡有許多燃燈佛的傳說而得名。據佛教的說法，在一千二百億年前，燃燈佛誕生的時候，全身的汗毛孔中都有金光射出，就像點燃的琉璃寶燈一般，照得全城一片光明。

有一次，燃燈佛正在說法傳經。釋迦牟尼當時還是一名小小孩。他看見一個小姑娘拿著蓮花在賣，便買了五朵花獻給燃燈佛。燃燈佛很高興，便收他做弟子。

又有一次，師徒同時出門。釋迦牟尼見地上滿是泥濘，就脫下衣服蓋在地上，請師父踩在上面走。燃燈佛看他很懂事，就預言釋迦牟尼日後必能成佛。燃燈佛既是過去世的佛祖，也是釋迦牟尼的師父。

玄奘又聽說燈光城西南二十餘里地方，有瞿波羅龍王住過的洞窟，當年如來降伏了這條龍，而在窟中留下了影像。玄奘很想前往禮拜，卻聽說那條路荒遠難行，路上又多盜賊。近二、三年來，許多人趕去想看佛影，大都沒看到，因此已經很少有人再去了。

同時，迦畢試國派出來的陪送人員都急著回國，不願意耽擱行程，紛紛勸他不要去。玄奘說：「看如來佛的身影，是千載難逢的機緣，怎能過門不入錯過而不去禮拜？你們先慢慢地向前走，我去去就回來。」說著就走了。

他先到一座寺院裡打聽路線，還想找人帶路，但是都沒人肯去。後來遇見一個小孩，他住的村子離那洞窟很近，願意陪法師一起走。到了那個村子，找到一個認得路的老人，就帶法師出發。

走了沒幾里路，就碰上五個拔刀攔路的強盜，問玄奘法師要去哪裡？法師拉拉法服表示自己的身分。強盜們說：「你沒聽說這路上有強盜嗎？」

玄奘回答：「強盜不也是人嗎？為了禮拜佛陀，哪怕是猛獸滿途我都要去，何況諸位都還是人呢！」強盜們聽了都深受感動，願意跟著他一起去看佛影。

到了洞窟所在地，洞裡一片黑暗。老人告訴玄奘法師，逕直往裡面走，碰到東壁後，退後五十來步，再面向東看，佛影就在那裡。法師按照老人的話進洞站好位置，十分虔誠地禮拜了一百多遍，起初仍一無所見。法師心想，一定是自己誠心不夠，就更加虔誠地一邊念佛、一邊禮拜，突然看見東壁上出現了缽盂一般大小的亮光，可是很快就不見了。法師更感歆慕，立誓如不見如來影像，絕不離開。接著又繼續禮拜了二百多遍。不久，突然整個洞窟大放光明，如來佛的身影清清楚楚地顯現在壁上，神姿耀目，端好清晰。

玄奘法師看到後，招呼洞外的六個人持火進去燃香，等火一到，佛影卻立即消失了。法師忙叫熄火，佛影又重新出現，而且持續了約半頓飯時間，才漸漸消逝。法師這才拜辭出窟。

離開佛影窟，玄奘急急忙忙地趕路，趕去跟迦畢試國送行的人員會合。之後再向東南走了五百多里的崎嶇山路，到達健陀羅國（今巴基斯坦境內）。

健陀羅國東靠印度河，都城叫作布路沙布羅（今巴基斯坦白沙瓦）。這個國家出過很多賢能的人，像有名的無著菩薩和世親菩薩等，都在這裡出生和成長。

在王城東北，有存放佛缽的寶台。可惜這個佛所用過的稀世奇珍的缽盂，後來輾轉在各國展出，一直未能回到原處。城外東南方的郊野，有一棵枝繁葉茂、高一百多尺的大菩提樹。相傳過去四佛曾並坐樹下修道，現在還留有四尊佛像，供人瞻仰膜拜。離佛像不遠的地方，還有一座莊嚴的寶塔，是古代一位名王所建造。塔基占地一里半，塔身高一百五十尺，分建金剛相輪二十五層，有如來遺留的舍利子一斛。寶塔西南，有白石佛像一座，高一丈八尺，據說十分靈驗。

玄奘離開王城，渡過大河，繼續跋山涉水，再走六百餘里，就進入烏仗那國（古代名叫烏萇，或作烏場，國境在斯瓦特河流域）。這裡從前有佛寺一千四百所，僧徒一萬八千人，現在卻顯得十分荒蕪零落，令人唏噓！

不過，這附近還流傳一些神話和古蹟，都跟佛有關。

譬如從前在南印度出生的佛，到這裡的城外講道化度眾生。當時的國王羯利，生性驕傲凶暴。有一天，他帶領宮人和群臣出外遊歷，恰巧遇見佛在城外宣講，他身旁的人一下子都湧到佛前聽法。國王見自己被冷落，非常生氣，下令部下去割佛的耳朵。可是佛還是照常講他的法，並不害怕或求饒。群臣都勸國王，請他取消殘暴的命令，國王不但不聽，反而下令要割佛的鼻子和雙手。群臣都不知道該怎樣阻止國王的暴行，佛卻依然從從容容地說法。就在這時候，天空突然降下大雨，雨中還夾帶沙石。國王被這突如其來的天災嚇呆了，立刻跪倒佛前向他懺悔，從此虔誠地皈依了佛教。

另外還傳說，這條河上游的山谷裡，古代有惡龍作祟，常鬧水災，危害下游居民。如來知道了，就特來降伏惡龍，還在大河北岸的一塊磐石上留下足跡。那足跡是大或小，就看量的人的信心和福分而定。在磐石下游三十多里的

地方，還有一處如來濯衣石。據說如來曾在這裡洗衣，並在石上晾曬。到現在，那石頭上還清清楚楚留有袈裟的形貌，就像刻上去的一樣。

渡過大河向西前進三、四十里，有一所精舍，是僧徒修行的場所。裡面留有觀世音菩薩神像，據說有求必應，十分靈驗。因此當地的人，無論信徒或非信徒，都會前來祈禱求福，終年不斷。

自烏仗那國向東南，走過一段危險的山路，穿過一座鐵橋，再前進一千餘里路，到達迦濕彌羅國。迦濕彌羅國就是現在的喀什米爾，很早就和中國有邦交來往。

迦濕彌羅國都城有寺院一百所，僧眾五千多人。還有四座佛塔，為阿育王所造，崇高壯麗，各塔藏有如來舍利共一升多。

玄奘到達西門的石門時，國王派他的兄弟及座車前來迎接。進入石門以後，凡是看到寺院，玄奘就進去禮拜。天晚的時候，到了一所護瑟迦羅寺，就在那裡住宿。

當天晚上，寺僧們都睡得很沉的時候，突然夢見天神飛進寺來，遍告他們

說：「這位和尚遠從中國來，想到印度學習正法，觀禮聖跡。雖然不知道他過去拜什麼師、學了哪些經藏，但為求法而來，有無數善神隨身陪伴。現在到這裡留宿，是你們的榮幸。你們有福，在這佛地生長，為遠方來人所傾慕，應當勤奮誦經習業，使他讚美、尊敬，怎能如此懈怠，沉睡不起？」

眾僧聽了，個個驚醒，起身繞佛誦經。天亮之後，都來向玄奘法師訴說因緣，對法師也更敬重。玄奘離開護瑟迦羅寺，繼續前進，過了幾天，逐漸接近王城，當抵達距離還有約一天路程的達達摩舍羅時，國王已經率領群臣和都城裡的僧人，在那裡列隊歡迎，儀式十分隆重。

第二天，國王恭請法師入宮供養，並下令當地高僧僧稱法師等數十人一起用齋。齋後，國王請法師開講，並和眾僧論辯。活動進行得很順利，國王看了十分高興。又因為法師遠來求法，一時無經書可讀，就派書手二十人，為法師抄寫經論。又另派五名供臨時差遣的人為法師服務，都由官府出錢。

僧稱大師修養很高，戒行淳潔，思慮深入，德智兼具，而且愛賢重才。他認為玄奘既然是國家的貴賓，就應該盡力接待。玄奘也用心提問請教，乘機請僧稱大師講授所精通的諸論。

那時候大師年近七十，體力已衰，但慶幸遇上玄奘這麼一個人才，還是盡心講授。在一天中，上午講一種、午後講一種，除白天外，晚間又特別講些印度的基本學科。

因爲機會難得，全國的學者也都前來聽講。玄奘對於僧稱大師所講的完全領悟，大師十分高興，對玄奘極爲讚賞，並對眾人說：「這名大唐來的和尚，智慧超卓，我們眼前這些僧眾，沒有人能超過他。以他的聰明才智，足以繼承世親、無著兄弟的作爲。可惜他出生在遠國，沒能及早接觸到聖賢的遺澤。」

那時候，聽眾中有許多研究大乘的，如淨師子、如來友等五、六人，都是道業堅貞、才識宏富的高僧，雖比僧稱大師略差，相較其他的人卻綽綽有餘。聽見僧稱大師這樣誇讚玄奘法師，都對他非常敬佩，也常找機會跟玄奘討論。

❖ 註釋 ❖

❶ 伽藍：或稱僧伽藍，即寺院，是佛教徒靜修的場所。

11 到處學習經典

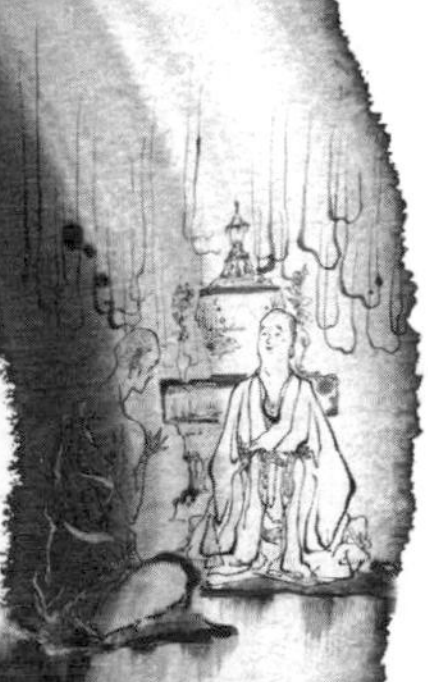

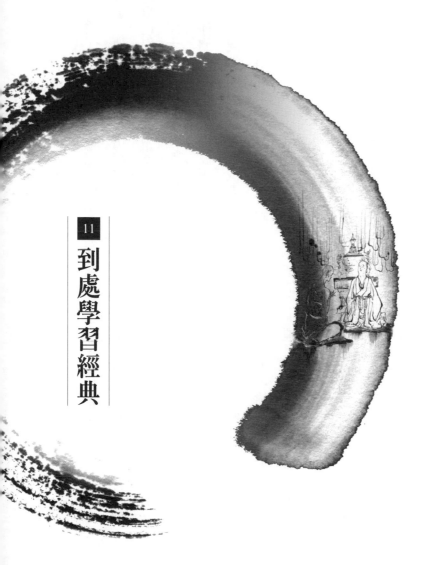

為了學習經論，巡禮聖跡，玄奘在迦濕彌羅國前後共停留了兩年的時間。接著，他又開始過跋山涉水、餐風宿露的生活。這不是他喜歡流浪，而是覺得自己追求大乘正法的偉大目標，尚未完成。

有一天，玄奘跟一群商販同行要往磔迦國（今北印度旁遮普邦）去。路上，他們經過一個叫作波羅奢的森林。森林裡陰森森的，顯得有些可怕，他們都怕突然闖出妖魔鬼怪或者壞人。正當大家這樣疑懼著的時候，忽然從大樹背後跳出五十多個強盜。這些強盜拿著亮晃晃的鋼刀，搶走這些人身上的衣物和金錢，然後把他們逼到路旁的一個枯水池裡，要加以殺害。那枯水池已經好久沒水了，池中還長滿了荊棘、藤蘿和蔓草。

和玄奘同行的一個小沙彌，在荊棘裡看到枯水池南岸有一個排水口，人好像能鑽過去，就悄悄地拉著玄奘，偷偷地從洞口鑽出去。走了差不多兩、三里路，看見一個在耕地的農夫，即告訴農夫他們在森林裡遇到強盜的事。農夫聽了，就回村裡吹起螺貝，召集了八十多個村民，大家拿著棍棒刀槍，趕往森林。強盜們一見到這麼多村民追來，嚇得連忙往森林深處逃走了。玄奘

和小沙彌就到枯水池裡給眾人鬆綁，又向村民要了一些衣服分給大家穿，一起到村裡投宿。

那些商販們因爲衣物和金錢被搶，損失慘重，大家都因傷心而啼哭，唯獨玄奘跟平常一樣，笑咪咪的，沒有什麼難過。商販們問他：「我們的金錢、衣物都被賊搶光了，法師不同情我們，反而一個勁兒在笑，爲什麼？」

玄奘回答：「一個人最可貴的東西，就是生命。生命保住了，還有什麼可傷心的？我們中國有句俗語說：『留得青山在，不怕沒柴燒。』生命保住了，損失小小的金錢、衣物，有什麼可傷心的？」

聽了玄奘這番話，商販們都感悟了，不再像剛才那樣地悲傷難過。

第二天，他們到了磔迦國東境，看到一個大城。城西北方有一個大芒果林，林中有一個婆羅門。據說他已有七百多歲了，但看起來大約只有三十多歲，體形魁梧，識見通達，對婆羅門教的經書等頗有研究，對佛教也不排斥。他見到玄奘，立刻予以熱情地接待。老婆羅門在聽說玄奘遇劫後，就派弟子傳命城裡信仰佛法的人，爲法師準備食物、衣服。

玄奘在迦濕彌羅國認眞學習，辯才無礙的名聲早已傳遍遠近各國，再經這名婆羅門弟子宣布：「這位大唐來的和尚最近遇劫，衣物被搶光了，這正是大家施捨和積福的時機。」立即就有三百多名慷慨的人士，各取出斑疊布一疋，同時攜帶食物，恭敬地到玄奘住所，向他跪拜問候。玄奘也爲他們祝福，並闡說了一些因果報應的道理。

玄奘在出發西行以前，就聽說龍樹菩薩（也稱龍猛）出身於南印度一個婆羅門的家庭。年輕時，父母爲他請了專門的教師，教他婆羅門教聖典和各種技藝。他聰明異常，凡事一學就會，但長大後卻皈依了佛教，成爲佛教的一代宗師。

老婆羅門是龍樹的學生，對於龍樹所傳授的經論，有相當的研究。也因此，玄奘多停留了一個多月才離開，因爲他不願意放棄任何一個學習的機會。

離開了老婆羅門，玄奘又向東走了五百餘里，到達至那僕底國。

古印度人稱中國爲至那、脂那或支那。至那僕底國不僅國號富有中國風味，還傳說這個地方，從前是一個中國王子被送到古印度做質子的時候，在冬

天所住的地方。此外，這名王子還帶了產自漢地的水果桃和梨，移植到印度。所以當地稱桃爲「至那你」，意指它是中國來的；而稱梨爲「至那羅闍弗呾邏」，意思則是說這是中國王子。而且這個國家十分敬重東方來的人，因此也很敬重玄奘。

玄奘聽說這裡的突舍薩那寺，有位佛學修養很高的高僧，人們稱他毘膩多鉢臘婆。他沒出家以前，本是北印度的王子，不僅儀表出眾，而且風度優雅。他除了對三藏有精深的研究以外，還自創一些出色的經論。有這樣好的請益機會，玄奘說什麼也不會輕易放過的。所以他到了該國後，就急忙去拜訪突舍薩那寺，謁見這位北印度王子出身的高僧，向他學習一些重要的經論，而且一住就住了十四個月之久。

在至那僕底國停留的十四個月期間，玄奘把一些能看得到的重要經論，認眞徹底地研究了一番，才滿意地離開，繼續探求各種學習的機緣。

在這段學習經論的時間裡，他也去附近參觀一所稱爲闍林寺的寺院。這個寺院中，有一座古代阿育王所建，高二百多尺的大佛塔；塔旁有許多過去在寺院裡修行講法的四佛遺跡。至於小石塔、大石室更是鱗次櫛比，多得數也數不清。據說在釋迦如來涅槃後的三百年，這裡還出過一位著名的論師迦多衍那。

玄奘離開至那僕底國，向東北前進一百四五十里，到達闍爛達羅國（今北印度境內）。這個國家，東西八百餘里，南北寬一千餘里。走進國境，就可以看見到處都是廣大的田野，遍植綠油油的粳稻。稻田後面，林樹扶疏，花果茂盛，呈現出一片欣欣向榮的景象。

玄奘進了都城，直接去拜訪那裡的那伽羅陀那佛寺，參謁被稱爲月冑的高僧。據說這位月冑大師，對佛家的經、律、論三藏都有相當深入的研究。玄奘也就特別在這裡停留四個月，跟月冑大師學習部分經論。

西行求法的玄奘，學習心非常強烈、堅定。爲了求得正法，任何困難，都難不倒他；任何險阻，他不但不怕，而且盡量想法子去克服。

玄奘進入印度國境以後，眞是如魚得水，所到之處，隨時探訪名刹、高僧，參拜聖跡遺物。再遠的路、再危險的環境，他都毫不瞻顧，勇往直前。聽說秣菟羅國（今木拿河西岸的馬特拉城）有許多佛陀大弟子的軼聞遺跡，他即

不顧一切，登上危險的山路，輾轉穿過幾個小國家，走了二千多里路趕去那裡。

秣菟羅國有三座寶塔，是古代阿育王爲紀念佛陀的大弟子所建造的，當地流傳著許多佛陀大弟子的軼聞。

佛陀二十九歲出家，在三十五歲悟道以後，經過一番勸請，始外出講法，並收了一千二百五十名弟子。其中最有名的十人，有六人在這個國家留有遺跡。他們是：

一、舍利弗，古印度摩揭陀國王舍城人，屬婆羅門族。初信六師外道，後來改信佛教。相傳他明敏智慧，善講佛法，稱「智慧第一」。

二、目犍連，略稱目連。起初和舍利弗同信六師外道，後來皈依釋迦牟尼。傳說他神通廣大，稱「神通第一」。我國古來民間流傳「目連救母」的故事，就是敘述他的故事。

三、富樓那，意譯滿慈子。他是迦毘羅衛國人，原是國師婆羅門的兒子，後來出家修行。因他善於講解佛教義理，而且辯才出眾，所以稱「說法第一」。

四、優波離，又譯作鄔波釐。原爲釋迦牟尼做太子時的近侍衛，是首陀羅（賤民）出身，在宮廷中做剃髮工奴，後來皈依佛，奉持戒律，無所觸犯，稱「持律第一」。相傳佛教第一次結集❶時，就是由他負責闡述戒律的。

五、阿難陀，略稱阿難。據說他原爲斛飯王的兒子，釋迦牟尼的堂弟。二十五歲出家，跟隨釋迦牟尼身邊達二十五年。傳說佛教第一次結集時，是由他誦出經文。現存佛教經典常以「如是我聞」四字開頭，即表明經文內容確係聽佛所說。因他長於記憶，稱「多聞第一」。

六、羅睺羅，也譯羅怙羅。傳說他是釋迦牟尼的兒子，十五歲出家做沙彌，是佛教有沙彌的第一人，稱「密行第一」。

每年到了一、五和九月三個長齋月，以及每個月的初八、十四、十五、二十三、二十九、三十日六個持齋日的日子，各部派的信徒們就分別前往供奉這些佛陀大弟子的寶塔所在，瞻拜供養，香火鼎盛。

在城東五、六里，還有一座山寺，依山崖開築石室，高二十多尺，寬三十多尺。據說其中藏有如來手指甲和腳趾甲的舍利，是從前一位被稱爲烏波鞠多的尊者所建，也是他說法的所在，所以流傳種種的軼聞。

巡禮佛陀六大弟子的遺跡之後，玄奘羨慕這些人都能幸運追隨釋迦牟尼，親聆正法，修成正果。他遺憾自己不能親逢佛陀的教誨，因此追慕正法、朝拜聖跡的心，也就更加急切了。

他繼續向東北前進了五百餘里，又東行了一千餘里，抵達了世界聞名的恆河河源。這裡水面寬三、四里，東南流向大海，入海處的河面寬有十多里，水味甘美，當地的居民把這條河流稱作「福水」。

他們說，一個人在這條河裡洗過澡，就可以把身上的罪孽洗乾淨；用它漱口或喝一口，可以消除災難、逢凶化吉。如果在這水裡溺斃，更可以升天。因此，一些無知的愚夫愚婦經常聚齊在河邊，爭相下水而不顧危險。

其實，這只是邪魔外道騙人的說法，並不是眞的如此。後來佛教龍樹菩薩的大弟子提婆到這裡宣講佛法時，便不斷地向大家提示正理，這種惡習才逐漸地革除。

這裡還有一位高僧，名叫闍耶鞠多，對於經、律、論三藏都深有研究。玄奘就很高興地在這裡住了一個冬季，直到仲春才離開。

他渡過恆河到東岸，進入秣底補羅國（今中印度境內）。這個國內有寺院十多所，僧人八百餘人，學的都是小乘佛教，國王屬於首陀羅種姓。

京城南方四、五里，有一所小寺院，全寺只有僧徒五十餘人。寺院的規模不大，從前卻有個聞名全印的德光論師，曾在這寺裡修行，並在這裡寫出一百多部論著，如《辯眞論》等，影響很大。

說起這位德光論師，從小聰敏出眾，長大以後更是博學多才，記憶力強。他本來是研究大乘佛法的，可惜遇到困難，半途而廢，沒能究明大乘義理。後來無意中看到一本小乘派的經書，覺得很契合，就捨棄大乘而研習小乘，而且寫了許多部論著，因此就驕傲自負起來。

就因爲德光論師過於驕傲自負，見了彌勒菩薩也不知禮敬。菩薩見他心高氣傲，輕慢大乘正法，不是承受教法的大才，所以不屑對他有所開示。

德光不但不知自我檢討，反而生起怨恨之心。他獨自潛入山林，妄想修得神通，結果因爲驕傲自負的惡習未除，終不能如願證果。玄奘聽了德光的故事，認爲可以給後世的人很多啓示，就把它記錄下來了。

玄奘對德光論師的所作所爲，深感惋惜。他又聽說這個國內還有一位九十歲的高僧蜜多斯那，雖然是德光論師的弟子，卻對經、律、論三藏有相當的研究，於是立即去拜訪他，而且從仲春到整個夏季留住當地，聽蜜多斯那講述小乘教派的論著。可見玄奘不分大小乘教派的經論，都不放棄學習，這種博大包容的精神，正是他成功的基礎。

他向蜜多斯那告辭後，又南北奔波，輾轉各地，然後進入中印度的羯若鞠闍國，它的首都就是很有名的曲女城。

玄奘到達曲女城的時候，在位的羯若鞠闍國國王就是大名鼎鼎的戒日王。戒日王繼承王位的經過，有一段不平凡的歷史。

原來，他的父王名叫光增，生了兩個兒子，大的叫王增、小的叫喜增（也就是戒日王）。

在老王光增逝世後，本應由大兒子王增嗣位，而王增也從小就以聰明仁德

聞名。但那時候，東印度有一個金耳國王，覺得王增繼位，對金耳國不利，於是千方百計誘騙王增前往會盟，卻派人在途中加以謀害。

消息傳到曲女城，全國人心惶惶。當時朝內有一位忠心耿耿的老臣婆尼，權高位重，就對同僚們說：「國家政局，最需要安定，更不可一日無君。喜增是先王的次子，亡君的小弟，天性仁慈，心存孝敬，平日親近賢才，又能公平對待僚屬，我們擁戴他來繼承王位，人家的意見如何？」

文武百官一致表示愛戴，沒有異議。大家都擁到喜增面前，勸進說：「先王積功累德，開拓國家機運，原期王增繼位，可保國祚綿延。誰知因爲我們輔助不當，遭到敵國毒手，這是國家的大恥辱，也是臣下不能推卸的罪咎。現在全國的民意都推崇您承繼王位，早日報復兄仇，洗雪國恥，光大王業，希望您不要推辭。」

王子含淚說：「繼承王位，責任重大，需要審慎考慮。我寡德薄能，兄長遭遇不幸，承擔王位，能不能勝任我沒把握。恆河岸上，有一尊觀音菩薩聖像極爲靈驗，我願意前往請求指引。」

於是，王子跟大夥兒趕往觀音像前，絕食祈禱。據說觀音菩薩果然顯靈，指示說：「你因爲前生積福，轉世爲王子。你可繼承王位，並應振興佛法，以慈悲的心關懷人民，就可以威震五印度。我會冥冥中賜福，使鄰國無強敵。」

王子受教而退，接受了王位，也就是戒日王。戒日王率領軍隊東征西戰，六年中，象不解鞍，人不釋甲，果然報了兄仇，而且威震五印度。疆土擴大之後，軍方也大加擴增。由於兵力強大，鄰邦畏服，使得三十年內，不生動亂，維持了政教的和平。

在這段期間，戒日王又在恆河沿岸，建立數千佛塔，各高百餘尺；凡有聖跡的地方，也都建立寺院。而且每隔五年舉行一次無遮大會❷，凡府庫所有的物資，除兵器外，全都布施全國的僧人和貧民。

玄奘到達該國的時候，正逢戒日王出征在外，因此沒能見面。

玄奘初到羯若鞠闍國，沒見到崇信佛教的戒日王，但他還是到該國的跋達羅毘訶羅寺，跟寺內精通三藏的高僧學習經論，停留了三個月。

學習期滿，玄奘又到阿踰陀國，瞻禮各地的聖跡，然後搭船順著恆河東下，打算前往阿耶穆佉國（今中印度境內）。船開了一百餘里，到達一個河灣，兩岸都是高大深茂的無憂樹林，陰森森的，相當可怕。同船的十多人正在驚疑，兩岸的綠林深處忽然竄出十餘隻賊船。船上的強盜，個個拿著鋼刀，橫眉豎眼逼著玄奘他們的船靠岸，並且拿刀威嚇他們脫掉衣服，搜求珍寶。有好幾個膽小的乘客嚇得想跳河逃生，結果反而被波濤捲走而喪命。

這批強盜是信奉實伽天神的異教徒，每年中秋，都要找一個身體健康、容貌端正的外人，殺了祭神。當他們看到玄奘的體格和相貌時，都很高興。其中有一個像頭目的人就說：「我們祭神的日子快要到了，一直都沒有找到合適的人。眼前這個和尚體貌優美，如果殺他當祭品祭神，一定大吉大利。」

玄奘見了這種光景，深知情勢不妙，但仍從容地說：「玄奘這樣骯髒醜陋的身體，能夠充當祭品，實在很榮幸。只是我萬里迢迢趕來這裡，原爲禮敬菩薩，參拜靈山，並求經法，目前這些心願還沒完成，你們就要殺我祭神，怕會不吉利吧！」

同船的人也都向強盜求情，甚至有人請求用自己的身體替代玄奘受死，強盜們一概不答應。那頭目還派人取水，在樹林中整地築壇，塗抹灑掃，然後派兩名強盜捉押玄奘上壇。

雖然面臨這樣千鈞一髮的危險時刻，玄奘仍然不怕死，反而對強盜們說：「希望你們能給我一點點時間，使我安心，高高興興地去死。」說完這話，他就念著菩薩的稱號，盼望自己往生淨土，聽聞妙法。

就在這一瞬間，忽然天昏地暗，黑風四起，折樹飛沙，河流湧浪，賊船翻覆。強盜見了大驚失色，急問：「這和尚是從哪裡來的？」

有人就說：「這和尚是從大唐國來求法的，法號玄奘。各位如果殺了他，就是犯了無量大罪。你們只要想想剛才的風波景象，就知道天神已經發怒，要趕快懺悔才行。」

強盜們聽了這話都害怕了，立刻向玄奘法師懺悔謝罪，並且叩頭請求皈依三寶。

玄奘法師盤坐在壇上，一心念佛，正在神遊須彌山，已經忘了有強盜要殺他這回事。強盜們用手碰碰他，法師這才睜開眼睛，對強盜們說：「是時間到

了嗎？」

強盜們在他面前跪下說：「不敢殺害法師，願向法師懺悔。」

玄奘接受了他們的悔過，並開導他們，殺人搶劫都是壞事，做了壞事，死後都要入地獄受苦，並乘機勸他們改過自新。強盜們立刻收起刀械，統統丟進河裡，還把搶到的衣服、財物還給原主。

❖ 註釋 ❖

❶ 結集：佛陀入滅後，弟子們為了使佛陀的教義留傳下來，且為了教權的確立，便共同誦出教法，整理編集，稱為結集。

❷ 無遮大會：即不分賢聖、道俗、貴賤，平等而行財布施與法布施的法會。

12

在那爛陀寺拜師

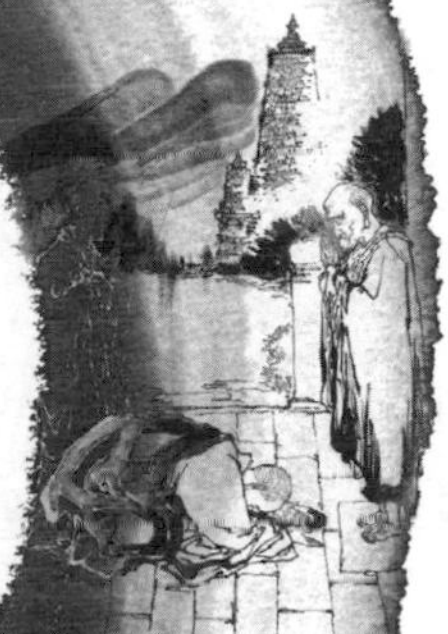

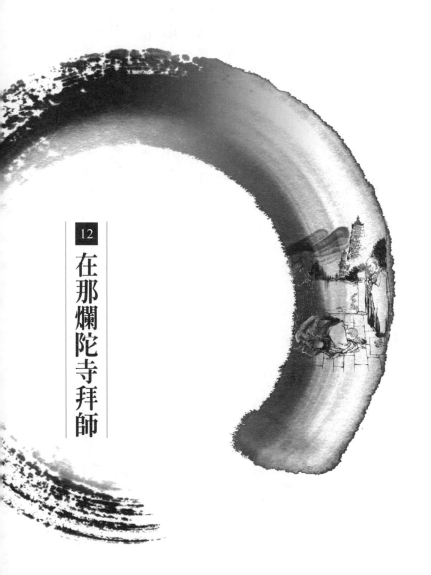

在無意中，感化了一夥強盜改邪歸正後，玄奘神情愉快地順著恆河東行。他走了三百餘里，經過阿耶穆佉國，再向前走了七百餘里，到達鉢羅耶伽國（今中印度境內）。這座城西南的一處樹林中，有古代阿育王建造的佛塔；塔旁有寺，是從前傳龍樹菩薩衣鉢的提婆菩薩作論駁斥小乘外道的所在。

再向西南走五百餘里，到憍賞彌國（今印度北方邦的柯桑）。它的東南方有大乘派論師無著和世親兄弟作論的地方，也有他們兄弟許多軼聞在流傳。

一路前去，沿途各國，還有大大小小的佛塔、寺院、精舍，各處都有聖跡，也流傳許多神話。玄奘爲了增長見聞，凡是聖跡所在，都去瞻禮參拜，哪裡都不放過。

如釋迦牟尼住過二十五年的給孤獨園（又稱祇園精舍），玄奘到達時，雖然庭園早已荒蕪，他仍在故址憑弔一番，緬懷往事，低徊不已。

此外，他經過釋迦牟尼涅槃的婆羅林，看到皮青葉白的婆羅樹，以及附近一處釋迦牟尼橫躺著的涅盤佛像（俗稱臥佛）。到鹿野苑，還留有和如來等身的初轉法輪（第一次宣講佛法）石像，也都虔誠的禮拜。

最後，玄奘到達中印度摩揭陀國（今屬印度比哈爾邦）的王舍城。這裡的那爛陀寺，是大乘佛教的中心，也可以說是全印度的學術中心。因爲它是當時全印研究各種學問，規模最大的一所高等學府。玄奘西行求法最大的目的，就是進入那爛陀寺研習佛學。

那爛陀寺是因寺南方的芒果樹林中，有一個龍池，池中的龍名叫那爛陀，所以建在這池旁的寺院，也就以龍名做寺名，取名那爛陀寺。

根據可靠記載，這座寺始建於西元五世紀初，嗣後歷代諸王都不斷地有所擴建。到玄奘抵達的時候，已經由最初的一院擴增爲六院，大大小小的殿堂、院舍更是不計其數。

因此，那爛陀寺不僅規模宏偉，建築壯麗，藏書也十分豐富。除了佛教三藏的經典應有盡有之外，印度古代各種學術，以及因明（邏輯學）、聲明（語文學）、醫方、術數方面的書，也都分別收藏在寶彩、寶海、寶洋等三大殿閣中，其中的寶洋殿更高達九層之多。

那爛陀寺的僧人，約有一萬人以上，常住的學問僧也達四千餘人。其中通解經論二十部的，有一千餘人；通解三十部經論的，有五百餘人；通解五十部以上的，連玄奘在內僅有十人。每天寺內舉行的講座，有一百餘場，可見寺院規模之大和研究風氣之盛。

除此之外，學者輩出，也是那爛陀寺的特色之一。可以說，印度大乘佛教的許多大人物，如無著、世親，以至法護這些有名的大論師，都曾在這裡度過講學或受業的生涯。玄奘留學印度的歲月，大部分在這裡度過；而教導玄奘的戒賢大師，正是法護論師的嫡傳弟子。

主持那爛陀寺的長老戒賢大師，出身於古印度東方三摩呾吒國（今孟加拉境內）的王族，屬婆羅門種姓。他從小聰敏好學，對事物有追根究柢的精神，也曾遊歷國內外，遍訪名師。後來到了那爛陀寺，聽法護大師講道，豁然開悟，即出家並拜法護爲師，專心學習《瑜伽師地論》。

戒賢本來就穎悟異常，自從得到法護大師盡心盡力的指導後，學力更是突飛猛進。不久，他就超越門下其他群徒，成了大師最得意的弟子。

有一次，有個南印度的外道，聽說那爛陀寺的法護大師是大乘教派世親論師的嫡傳弟子，學佛造詣很高，又是辯論雄才。他很不服氣，就登山涉水遠從南印度趕來摩揭陀國，進入王城，擊鼓請求辯論。他說：「我是南印度地方的人，聽說貴國有一位深受眾人敬仰的大師，我雖然不頂高明，仍希望當面向他請教，一決高下。」

國王說：「本國是有這麼一個人，也歡迎你參加辯論。」說著，立刻派遣使臣前去，對法護大師說：「南印度來了個外道，想要跟你辯論，務必勞駕前來赴約。」

法護接到國王的旨意後，準備了一下，正要動身時，他的弟子戒賢來到他面前問：「老師爲什麼走得那麼急？」

法護說：「自從佛陀圓寂以後，正法不彰，以致外道紛起，異學猖獗。現在我要去赴南印外道的約，好挫挫他們的銳氣。」

戒賢就說：「只要接受老師平日言談的任何一部分，都足以駁斥異說而有餘，何勞老師親自出面呢？」

法護聽了這話，知道戒賢學有心得，當下就點頭表示贊許。這時戒賢才剛滿三十歲，同門許多人都覺得他年資還淺，怕他難以勝任。

法護看了看眾弟子不以爲然的表情，就說：「能否勝任，要看一個人平日的表現是否高明，跟年資深淺沒有什麼關係。戒賢一定能駁倒對方的言論的，大家盡可以放心。」

到了約定辯論的那天，遠遠近近、老老少少的人，都聞風趕來會場。大會開始，先由外道高談闊論，痛快淋漓地發表一番。輪到戒賢發言時，他根據對方的言論，一一加以駁斥，駁得那個外道理屈辭窮，竟然一句話也答不上來，只好羞紅著臉退走了。

這次的大辯論，因爲戒賢學養好、口才好，得到了很大的聲譽。後來法護去世，戒賢就名正言順地繼承了衣鉢，成爲那爛陀寺的主持人，也成了印度各界公認的大乘教派的權威學者。

玄奘出國前，早已仰慕戒賢長老的大名。他立志西行求法的目的，第一個就是到那爛陀寺，拜在戒賢的門下，學好《瑜伽師地論》，並且透徹地研究佛教大乘派的重要經論。

摩揭陀國可說是佛教聖地，因為釋迦牟尼一生中大部分時間都是在這裡度過的。玄奘沿途參拜聖跡，最後到達釋迦悟道成佛的菩提樹。

菩提樹原名畢缽羅樹，它有鮮綠的卵形葉，黃白色樹幹。這裡方圓約一百里，到處是精舍、佛塔等，都是歷代君王、大臣、富豪、長者追慕聖跡的人士所建造。玄奘瞻拜聖跡，追思世尊，不知不覺地過了八、九日。

到第十日，那爛陀寺推派四名高僧來迎接。玄奘隨同他們前往，先到寺院所在地的村莊用齋，然後又有許多僧人和信徒來和他們會合，大夥兒一起進入那爛陀寺，跟寺裡的僧眾們見面。

接著，寺眾又推舉二十名熟悉經律、儀容齊整的高僧帶玄奘去謁見正法藏，也就是戒賢長老。當時戒賢的年齡已逾九十歲，有人說他已有一百多歲。大家都尊敬他年高德劭，精究經論，不直呼其名，而尊稱他為正法藏。

玄奘經過這麼多年的辛苦努力，終於親自見到心中仰慕已久的戒賢長老，並拜他為師，這真是最興奮的一刻。他立即依照印度拜師古禮，以兩肘兩膝著

地匍匐前進到戒賢長老跟前，頭頂長老的腳表示虔敬之意。
戒賢招呼玄奘一行人坐定以後，問玄奘：「你是從哪裡來的？」
玄奘回答：「我是專程從大唐來的，想跟您學習經論。」
戒賢聽了這話，忽然感動得流下淚來，召喚一位年已七十多歲，博通經論的弟子覺賢過來，說：「你可以爲在座的人說一說我患病的經過。」
覺賢聽了，也流著淚說：「長老長年受風濕之苦，每當發作，手腳就像火燒刀割般的劇痛，而且時好時壞，前後拖了二十多年之久。三年前的一次，痛得格外厲害，而起了厭世之意，想以絕食了結生命。可是有一天半夜裡，他夢到三名天神向他說：『你不想活了嗎？佛經上只說要忍受痛苦，不要厭棄自身。你在前世做過國王，擾害許多百姓受苦，所以招來這種報應。現在你應該反省過去的罪孽，好好懺悔，忍受痛苦，出力宣講經論，痛苦自會消除。如果厭世自殺，痛苦反而難完難了！』長老聽了心中頓有所悟，立刻向天神虔誠禮拜。
「那金色神指著琉璃色神對長老說：『你認識嗎？他是觀音菩薩。』又指著銀色神說：『他是彌勒菩薩。』接著金色神又介紹自己說：『我是文殊菩薩。我們看到你想要空作無謂犧牲，所以特別來勸你。要按照我的話去做，弘揚正法於還沒有佛法的地方，你的身體自然會逐漸恢復，不必擔心病好不了。不久，將會有一個自大唐來的和尚，想要拜你爲師，你可以等他登門求教。』正法藏聽了這些話，恭恭敬敬地回答：『弟子遵命。』說完這話，三名天神就突然消失。從此以後，長老的風濕病也漸漸痊癒了。」

僧眾聽了這番話，都讚歎不已。玄奘更是驚喜萬分，向正法藏說：「聽了這番話，玄奘更當盡最大努力接受教誨！」

戒賢慢慢發現，遠從大唐來印度求學的這個年輕出家人，不但佛學知識淵博、見解深入，也有極強烈、堅定的學習熱誠。他是佛教界不可多得的後起之秀，如果能把自己生平所學傳授給他，那麼在印度已漸趨衰微的佛教，很可能在東方的另一國度興起。

談話結束之後，玄奘被接待到寺內幼日王院覺賢住房的第四重閣裡安歇。他在這裡住了七天之後，又移居到法護菩薩客房北邊的上房去住。由於得到戒

賢長老的特別器重，玄奘在這裡受到最優厚的禮遇。他每天可得贍步羅果（一種果名）一百二十枚，檳榔子二十顆，豆蔻二十顆，龍腦香一兩，供大人米❶一升。還充分供給油、酥酪，又派給侍者一人、婆羅門一人，並免去一般僧人的雜事，出門還可以乘坐象輿。那爛陀寺主客僧上萬，能享受這種待遇的人，連玄奘在內也不過十人左右。

戒賢因爲已經進入高年，好多年不曾從事講學了，但他爲玄奘不避艱險遠來求學的熱誠所感動，也基於弘揚大乘佛法於東土的使命感，特別開了講座，當時自印度各地聞風前來聽講的約有上千人之眾。講學開始，還發生了一段小小的插曲。

原來在戒賢大師開講的第一天，正當他講畢《瑜伽師地論》的釋題和提要時，突然有一個婆羅門外道在外面一會兒放聲痛哭，一會兒又談笑自如。戒賢立刻派人問他在做什麼？

那位婆羅門回答：「我是東印度人，曾在布磔伽山觀音菩薩像前發願，希望來生能做一位國王。菩薩責備我不該有這種妄想，還說將來那爛陀寺的戒賢法師將爲支那來的和尚講解《瑜伽師地論》。到那時候，你應當去聽，聽了大法之後就可以見佛，何必想要做國王？現在我看到了支那來的年輕和尚，法師果然也爲他講經，跟觀音菩薩的指示正符合，我因此悲喜交集，又哭又笑了。」

聽了婆羅門這番話，戒賢大師就叫他留下來聽講，並且在講完《瑜伽師地論》一遍以後，又派人將他送往當時的戒日王那裡。戒日王因爲這個婆羅門的遭遇很奇特，就封給他三邑的地方。

戒賢大師以十五個月的時間，才把《瑜伽師地論》講完一遍；接著又講了各種大小乘的經論，以及因明、聲明等學問。

玄奘在那爛陀寺整整住了五年，除了聽戒賢大師講《瑜伽師地論》三遍，其他的經論和因明、聲明等學問，有的聽了三遍，有的聽了兩遍，也有只聽一遍的。不過，即使只聽一遍的經論，玄奘都非常用心研究，一有疑問馬上提出，務必徹底了解。

玄奘在那爛陀寺除了精研佛教大小乘的三藏以外，也廣博地閱讀梵文、俗

典、吠陀等典籍。但他不是一個死讀書的人，在那段求學期間，也常常前往寺院所在的王舍城，去瞻禮佛祖聖跡，以求增進對佛陀創教、傳教的史地背景的了解。

王舍城位於摩揭陀國的中部，印度古代的君王大多住在這座城裡。這裡生長著上好的香茅，所以又稱上茅宮城。玄奘到達的時候，外城已經坍壞，內城還很高峻。據說這裡在古代是一個繁華的城市，人煙稠密，房屋密接，如有一家不愼失火，頃刻延燒四鄰，防不勝防。當時的國王嚴格規定，誰家不愼引起火災，就把禍首放逐到該國的寒林（棄置屍體的地方）。

有一次，王宮忽然發生火災，國王說：「我身爲百姓之王，自己違犯了規定若不執行，怎能領導百姓？」就叫太子留在上茅宮城，自己搬去寒林居住。鄰國知道這事後，準備發動襲擊。駐守邊境的人員得知情報，即向國王稟報，於是國王立刻下令就地建築城牆房舍。因爲是國王首先建築居住的城舍，所以被稱作王舍城（也稱新王舍城）。

釋迦牟尼悟道以後，居住時間最多的地方，就是這裡的王舍城和拘薩羅國的舍衛城。

自宮城向東北走十五里，到達一座山。這座山奇峰聳峙，形同鷲鳥，又如高台，所以得名靈鷲山，又叫鷲台。山上泉清石奇，林木蒼鬱，如來在世的時候，常在這座山上演說眾經。現在在原來講經的地方，還雕塑有和如來同樣身高的如來說法像。

再往東走三十餘里，在東峰寺前有座塔，叫作雁塔。當初這個寺院屬於小乘教，允許寺裡的和尚吃三種淨肉。有一次，負責採購的和尚一時買不到三淨肉，有一個管事的抬頭忽然看見一群大雁從空中飛過去，就自言自語地開玩笑說：「今天和尚們吃飯，餐桌上少了肉，當年摩訶薩埵王子曾經捨身飼虎，現在也正是有人該捨身的時候了。」

話剛說完，只見雁群中那隻帶頭的雁王，忽然脫落羽毛，啪嗒一聲從雲端滾落到地上。那管事的和尚見了，又慚愧又害怕，趕快跑去寺裡把這事告訴同伴。大家聽了大為訝異，對著死雁，紛紛落淚說：「這一定是菩薩顯靈。我們算什麼人？怎敢吃牠。從今以後，大家一定要按照大乘的戒律，不能再吃什麼三淨肉了。」

大家聚集商量，就地建立靈塔，把死雁埋在裡邊，並寫了文字來表彰牠，這就是印度雁塔的由來。後來，玄奘在那爛陀寺就這樣一邊求學、一邊實地巡禮，遊遍了王舍城內外佛陀的聖跡，並將所見所聞一一加以記錄。

❖ 註釋 ❖

❶ 供大人米：這種米是摩揭陀國的特產，顆粒比普通烏豆還大，煮成飯香甜甘美，不是其他米所能比。因為它只供國王和最有學養的高僧、貴人等食用，所以稱作「供大人米」。

13

遊歷東南印度

遠涉沙漠，翻越雪山，幾歷飢渴風霜，玄奘經過三年多的時間，於貞觀五年（西元六三一年）進入印度那爛陀寺求學。他夜以繼日地聽講、閱讀、請教、討論、研究，一轉眼之間就住滿五年了，終於獲得了優秀的成績。

有一天，戒賢長老見到玄奘就說：「我老啦！但是看到你不畏艱難險阻，冒著生命危險來向我求法，費了許多工夫才到達這裡，我被你的熱誠感動，所以不顧老朽，竭力爲你講解。佛法貴在流通，並不需要全能，更不必窮究。個人的生命有限，佛學的知識無涯。如果要等全學會了再去弘法，恐怕會失去傳揚東土的機緣。你現在就可以回國去了！」

玄奘聽了回答：「老師的囑咐，我謹記在心。不過，我還希望前往東南方各國巡禮，回程經過高昌，實踐以前的諾言後再返國。」

一天，玄奘拜別戒賢長老，離開那爛陀寺，向東南出發。他一路上忍受風吹、雨淋、日曬以及猛獸毒蛇之害，但是他並不以此爲苦。只要看到有古物聖跡，他就誠心朝拜；有高僧大德，他就留下來殷勤請教。

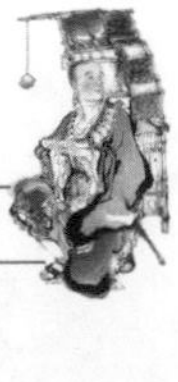

如經過伊爛拏國（今孟加拉地區）時，打聽到都城中的兩座寺院，有如來密和師子忍兩名高僧對小乘經論頗有獨到的研究，玄奘就停留了一年，分別跟兩名高僧學習他們專長的經論。

一年後，玄奘繼續輾轉各國，到達東印度的耽摩栗底國（今東印度境內）。這個國家位於海邊，有寺院十多所，僧人一千多人。玄奘聽說海中有個獅子國（舊稱錫蘭，今名斯里蘭卡），國內有通曉三藏和《瑜伽師地論》的法師，就發願要去拜訪。有人告訴他，從這裡往獅子國，水路遙遠，風濤凶險，中途還可能有惡鬼阻擾，如改走南印度，由水路三日可到，而且航程平穩，還可以順便巡禮烏茶等各國的聖跡。

玄奘也覺得這樣走好處多，就向西南方前進，走了好幾千里路，到了南憍薩羅國。這裡城外有一所寺院，爲阿育王所建立，龍樹菩薩和他的弟子提婆都曾在這裡住過。玄奘還聽說這個國家有個婆羅門，對因明學很有研究，就專程去拜訪，在他那裡停留了一個多月，跟他研討這方面的學問。

從此又再向南走，通過一處原始叢林，再向東南前進九百多里，經過案達

羅國，到達南印度馱那羯磔伽國（今印度阿里沙省）。

在城東，有依山構建的僧寺，稱東山寺；城西也有一座依山而築的僧寺，稱西山寺。據說這是該國先王爲紀念佛陀而建立的。玄奘在這裡遇見兩位高僧，一位叫蘇部底、一位叫蘇利耶，他們都通曉一種通俗的三藏。玄奘在這裡停留了好幾個月，學習這種通俗的經論，兩位高僧也向玄奘請教大乘的經論。他們互相研究，到後來因爲志趣相投，又結伴同行，巡禮各地的聖跡。

玄奘一行人向西走了一千餘里，經過珠利耶國，再向南穿越一個大叢林，又走了一千五、六百里，到南印度達羅毘荼國的都城。它是印度南部一個臨海的港口，從這裡出海往獅子國，只要三天就可到達。

玄奘走到海邊，往前一看，只見海天一片。他早就聽說獅子國是一個佛教鼎盛的國家，島上佛寺林立，高僧也不在少數。他雖然心中嚮往已久，現在也只能等待船期到了再出發。

過了幾天，他終於盼到一艘從海外駛來的帆船。它一靠岸，船上就跳下三白多名和尚。玄奘見到這種光景，向前問：「法師們是從獅子國來的吧？聽說貴國的高僧們通曉三藏及《瑜伽師地論》的不少，我正想前往向法師們學習，不料諸位倒先來印度了。」

和尚們聽了，感嘆地說：「我們的國王去世了，國內正鬧飢荒，百姓們沒得吃，寺院也失去支援。聽說這裡生活豐足安樂，又是佛陀的誕生地，我們就都趕來了。如果說精通佛法，島上的確沒有人能比得上我們，你有什麼問題，儘管向我們提問。」

玄奘隨意提出幾個《瑜伽師地論》的基本問題。對方推出有名的高僧覺自在雲和無畏兩人代表解答，他倆立刻滔滔不絕說出一番道理。但是在玄奘聽來，他們的見解也只在戒賢長老之下，並不特別高明。

玄奘了解了獅子國的實際情形，知道它並不如想像中那樣完美，從此打消了前往拜訪的念頭，並跟著這批三百多名和尚中的七十多人，一齊向西北前進，沿途參拜聖跡，跟這群人結伴同行了二千餘里。這些從獅子國來的同道，一路上遇到他們可以投靠的寺院，就陸續脫隊。等到達印度西北恭建那補羅國（今印度西北枯羅奴爾的白拉利）的時候，就只剩下玄奘獨自一個了。

這裡土地肥沃，氣候溫熱，農產豐盛，有佛寺一百多所，僧徒一萬多人。其中有研習大乘教派的，也有學小乘教派的；此外，也有許多外道的廟堂，眞是龍蛇混處，複雜得很。

在王城附近，還有一座大寺院，有僧徒三百多人，都相當博學而富文采。寺內有間大精舍，藏了一頂釋迦牟尼做太子時所戴的寶冠。寶冠高不到二尺，平時存放在寶匣裡，每到齋日，才在高台上展出，供人參禮。據說如果心意虔誠的人，就可感覺這寶冠會發出異常的祥光瑞彩。

最後，玄奘輾轉到了印度北部接近現在巴基斯坦地區的缽伐多國。

在都城附近有一所大寺院，寺裡有一百多名和尚，學的都是大乘教派的經論。這是從前大乘派最勝子論師研究《瑜伽師地論釋》的所在，當地有兩、三位高僧在佛學上都各有專長，玄奘因此在這裡停留了兩年，向他們請教比較專門的問題。

14 與小乘僧辯論

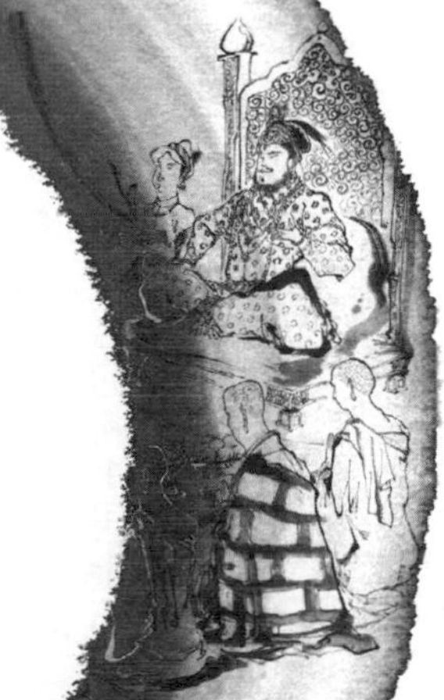

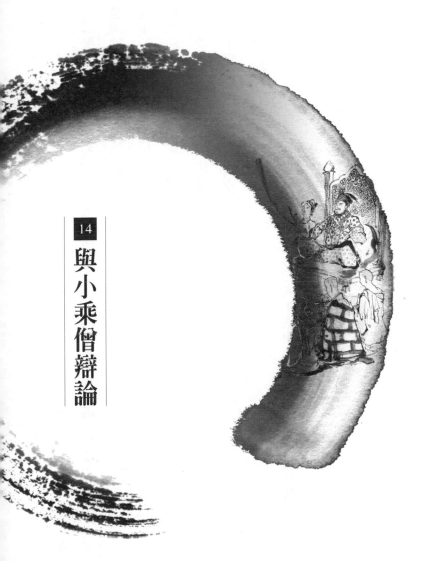

玄奘出國，是繞道西突厥，進入印度北境，而後輾轉到達中印度摩揭陀國王舍城的。他在那爛陀寺學習了五年才離寺出遊，巡禮東印、南印、西印，歷經整整四年。在這段時間，他的足跡幾乎走遍了全印度。所到之處，常朝拜佛教的遺址聖跡，向高僧問學，隨時隨地不放過學習的機會。

最後，他又回到那爛陀寺。不久聽說寺西約一百餘里的另一所寺院，有高僧修習小乘教派的經論、語文、邏輯等學問很有心得，就趕去那裡，住上兩個月向他請教。

之後，玄奘又前往在附近杖林山隱居的勝軍居士那裡，向他學習《瑜伽師地論》以外的經論。勝軍這個人，本來是西印度的貴族，從小就聰明好學。他最初跟賢愛法師學邏輯，再跟安慧論師學語文和大小乘的經論，又跟戒賢長老學習《瑜伽師地論》。打好這些佛學基礎後，他又去研讀教外的書籍，如四吠陀典、天文、地理、醫方、術數等，都做了深入的探究。因爲他學問精博，品德又高尚，所以極受當時各界人士的推崇。

摩揭陀國的國王知道了，十分高興，派人邀請他，想請他做國師，封給他二十邑，勝軍卻加以拒絕。後來繼任的戒日王也邀請他出任國師，要封給他八十邑的莊園，他還是照樣拒絕。戒日王一而再、再而三地派人邀請，勝軍都不肯答應，還委婉地向戒日王說：「我聽說受人俸祿，就要爲人分憂。我現在正急於想幫助眾人超脫生死煩惱，哪有時間來過問國王的事？」

戒日王知道無法強留，也只好讓勝軍離去了。從此以後，他就隱居在杖林山，以教授學生過日子。

勝軍雖然跟戒賢大法師學過《瑜伽師地論》，年齡也比較輕，但是在當時卻和戒賢齊名，爲全國知名的大學者。玄奘在勝軍那裡先後住了兩年，向他學習《唯識論》等經論，還請教了一些在那爛陀寺學習期間所累積下來的疑難問題。

也在那個時候，一天夜裡，玄奘忽然夢見那爛陀寺裡長滿了荒草，還有水牛在吃草，可是卻不見有寺裡的僧人出來處理。他正覺得奇怪，抬頭卻看見對面第四層閣樓上站著一個金人，全身金光閃閃，照亮了整個房子。玄奘想上樓，卻找不到上樓的路，就請金人拉他一把。金人說：「我是文殊菩薩，你俗緣未盡，暫時還不能上來。」同時又指著寺外說：「你看那邊。」

玄奘順著他指的方向看過去，只見寺外火光通紅，有大火在焚燒，村舍田園霎時都燒成灰燼。金人又說：「十年後戒日王就要去世，到時候印度會發生戰亂，你要盡早回去東土。」說完這話，金人就不見了。

醒來以後，玄奘把夢中的情景告訴勝軍。勝軍說：「人間本來就是太平日子不多，你要自己早作準備才好。」

拜別勝軍居士，玄奘獨自在杖林山附近巡禮各處聖跡，八天以後又回到了那爛陀寺。

最初，玄奘是以留學生身分住進院舍的，這一次卻以學者的身分回寺，而且受到戒賢長老和寺眾的熱烈歡迎。戒賢長老還特別在寺裡開了一個講座，由他主講大乘派的重要經論。

這個時候，寺裡十大高僧之一的師子光，已經先開講另一派的大乘經論。他除了闡揚自己所精通的經論之外，還攻擊自己不了解的「瑜伽」理論。玄奘兼通眾論，認爲當初佛陀說法，因時、因地、因對象不同作了各種不同的闡述，諸說並無衝突；後來傳法的人誤會了，反說是有所矛盾。

玄奘對師子光的見聞偏狹，感到惋惜。他多次前往勸說，跟他辯論，說得他啞口無言，但是心高氣傲的師子光並不心服。後來他的信徒們漸漸離開他，轉到玄奘門下。

玄奘為了調和、會通兩派學說使他們不相對立，於是撰寫了《會宗論》三千頌（共三萬字），呈送戒賢長老及僧眾審閱，看過的人都很稱讚，並且加以宣揚。師子光面子掛不住，就離開那爛陀寺，到別的寺院去了。

在師子光還沒有離寺的時候，戒日王在寺旁用青銅建了一所精舍，壯麗精美，聞名各國。後來戒日王帶兵出征，路過烏荼國（今東印度奧里薩邦北部）。那個國家中有些篤信小乘的僧人，都說大乘是空花無實的外道，並當面譏諷戒日王說：「聽說大王在那爛陀寺建了一所青銅精舍，工程十分浩大。為什麼不把它建造在別的外道寺院，卻偏要建在那裡呢？」

戒日王說：「你們講這話是什麼意思？」

他們回答：「因為那爛陀寺是空花外道，跟別的外道沒有什麼分別。」

信奉佛教的戒日王聽了，雖然心裡不高興，但是面對的是小乘僧人，而他們也是佛教的出家人，一時也不便發作。

原來這些小乘僧人，手上有一份《破大乘論》的文稿，是南印度一位老婆羅門寫的。他們把它當作攻擊大乘派的利器，還把它拿給戒日王看，並且說：「這就是我們的主要依據，難不成大乘派的人能駁倒這些內容嗎？」

戒日王看了看，就說：「我聽說狐狸跑到野鼠群裡，自誇比獅子還要威猛；等牠見到了獅子，卻嚇得魂飛魄散。各位還沒遇見大乘高僧，所以自吹自擂；倘若見到了，恐怕也如同狐狸見到獅子一般吧！」

小乘眾僧說：「如果大王不相信我們，爲什麼不聚集雙方論定是非？」

戒日王說：「這個容易得很。」他立刻寫信並派使者送給那爛陀寺的戒賢長老，要他派四名高僧做代表來參加辯論。

戒賢收到信後，就從高僧中選出海慧、智光、師子光和玄奘四人。

海慧等人都有點擔心，玄奘勸慰他們說：「小乘派的各種經、律、論，我全都學過一些，也完全了解它的要點。如想以小乘來破大乘，是不可能。我雖然才疏學淺，還對付得了，各位不必擔心。萬一失敗，自由我負責，跟大家無關。」大家聽了都放了心，但是後來事情有了變卦而沒有去成。

就在玄奘他們接到戒日王邀請信，準備出發的時候，那爛陀寺門外忽然出現一個古代印度教派之一的順世外道。他原是婆羅門出身，十分自大，竟將寫好四十條教義的條文懸掛在寺門牆上，放話說：「如果有人駁倒其中任何一條，我就砍下頭來向他謝罪。」

一連過了好幾天，都沒有人理他。玄奘覺得再不出面，那名外道就會看輕全寺的僧眾，一旦傳揚出去，將使那爛陀寺的聲譽受到嚴重傷害。他叫在自己屋裡服務的小和尚，去取下那份條文，用腳踩爛它。那名外道看到了，非常生氣，問：「你是什麼人，竟敢踩我的東西？」

小和尚回答：「我是玄奘法師跟前服務的人，法師請你進去。」說完，就把外道帶進寺裡。玄奘立刻叫人去請戒賢長老和各高僧作證，然後跟他展開辯論。

玄奘一開始就列舉當時的許多外道名目，並數落他們以各種怪異的行為來行道的惡形惡狀，是愚蠢的表現；接著指出外道所立的教義，其中自相矛盾、偏頗不通的部分，加以批評。最後歸結到外道理論假而不實，教義條文不能成立。

玄奘學問淵博，口才流利，說話有條不紊，而且據理駁斥，駁得那名外道婆羅門半天都說不出一句話來。最後，他羞紅了臉，站起來向法師謝罪說：「我現在認輸了，任憑法師依約處置。」

玄奘說：「我們是佛家子弟，從不會害人性命。如今你既服輸，留下來在本寺服役，聽我使喚就可以。」

這個婆羅門聽了，十分高興。消息傳出，全寺僧眾都認爲玄奘法師處置得宜，稱讚法師不但具有大智慧，更有菩薩心腸。

這時候，玄奘及海慧論師等三人，原準備起程前往烏荼國跟小乘派僧人辯論。玄奘特地找來一份對方所著的《破大乘論》七百頌看了一遍，覺得其中還有些內容不是很清楚，就問那個婆羅門說：「你聽過這個《破大乘論》嗎？」

那個婆羅門回答：「我倒是前後聽過五遍了。」

玄奘要他從頭到尾講一遍他的心得和意見，婆羅門說：「我現在是你的下人，怎麼可以給法師講解呢？」

玄奘說：「這是別宗的學說，我以前還沒見識過，你儘管放心講說無妨。」

婆羅門說：「如果法師認爲這樣做妥當，讓我們在夜間進行吧！否則我怕外人誤會法師竟然跟一個僕人學習，有損您的聲譽。」

就這樣，到了夜間，法師支開其他的人，請那位婆羅門把《破大乘論》從頭講說一遍，完全弄懂了它的內容。於是玄奘就找出其中的破綻，用大乘的教義一一加以駁斥，並趕寫出一千六百頌（三萬二千字）的長篇大論，名爲《制惡見論》（或稱《破惡見論》），送呈戒賢長老指正。

戒賢長老讀了，十分稱讚，並當眾公布。大家知道了，無不讚歎說：「講得這樣明確透徹，不論什麼樣的論敵，沒有打不倒的！」

玄奘認爲《制惡見論》的完成，得力於那位婆羅門的地方很多，就對他說：「你辯論失敗，做我的下人，受委屈不小。現在我要還你自由，你可以隨意行動了！」

讓婆羅門恢復自由以後，玄奘也動了思鄉之心，懷念起故國。他著手整理幾年來在印度陸陸續續蒐集的佛經和佛像，作了回國的準備。

同院的僧人們看到了這個動作，都關心地問：「法師可是想回國了嗎？」

玄奘回答：「出國這麼多年，是該回國貢獻所學，回饋大眾了。」

僧人們勸他說：「印度是佛陀降生的國家，雖然佛陀已經圓寂，但是還保留著許多聖跡。法師既然來了福地，又爲什麼捨得離開它呢？」

玄奘解釋說：「佛祖立教，意在普遍流通，豈有自己得了恩賜，而忘記那些等待救援的人？何況我的國家是一個衣冠上國，講求忠義、慈孝、仁賢，難道說世尊沒有到過，就不需要弘法了嗎？」

僧人們見勸說無效，便一齊陪著玄奘去見戒賢長老，報告情況，希望長老能夠留住他。

戒賢長老卻要玄奘自己做決定，玄奘委婉地說：「這裡是佛陀的降生國，不是我不留戀。只是弟子來這裡的目的，是爲了求取大法，推廣給一切的人都能受福。自從到了這裡以後，承蒙老師爲玄奘講授《瑜伽師地論》，解決許多學習上的疑難，還參禮聖跡，並學到了各部深奧的義理，內心深感欣慰、慶幸。也確信自己這一回出來冒險，大有收穫，沒有白跑。玄奘願以所學，回國翻譯，使有緣的人們都能有所見聞，藉以報答師恩。」

戒賢長老聽了，高興地說：「這很符合菩薩的意願，我也希望你能這樣，好好準備行裝吧！」說完這話，他就黯然回房。可見戒賢長老雖然嘴裡不說，他的內心還是捨不得這位愛徒離開的。

就在這個時候，那個獲得自由身的婆羅門，投奔到東印度的迦摩縷波國（今印度阿薩姆邦的西部古國，自漢代起就和中國西南四川、雲南的人民有商業上的接觸和外交上的往來），在鳩摩羅王面前，一再讚揚玄奘法師。鳩摩羅王大爲心動，就派遣使臣送信給那爛陀寺的戒賢長老說：「弟子願見支那來的高僧，請大師派他前來，以慰我欽敬、仰慕的心。」

戒賢長老得信，對大家說：「鳩摩羅王要邀請玄奘，但玄奘之前已被選派要前往戒日王那裡跟小乘派辯論。現在倘若去了迦摩縷波國，如戒日王來要人，怎麼應付？所以不能讓他走。」

戒賢長老於是對使臣說：「這名支那來的留學僧已準備回國，沒有時間應命前往了。」

使臣回國報告以後，鳩摩羅王再次派人來請，並且說：「縱然玄奘法師想要回國，請他暫時來一下，再回國不是難事，務必不要再推辭。」

戒賢長老考慮答應戒日王在先、鳩摩羅王邀請在後，只好不讓玄奘前往。

鳩摩羅王一再地派人邀請，都沒有請到玄奘，大爲生氣，又派出使臣送信給戒賢長老說：「弟子是凡夫，習慣於世俗的逸樂，平時未能全心向佛。如今聽到外國高僧大名，身心歡喜，似乎開始有了一點崇佛的心。大師卻不允許他來，這是想要讓敝國眾生永遠淪落於長夜之中，難道這就是大師闡揚佛法、普度眾生的正確作法嗎？弟子再次提出請求，倘若仍然不派玄奘法師前來，分明把我看作惡人。惡人也有惡劣作法，那就是派遣象軍踏平那爛陀寺，粉碎它使變成塵土。不信你就試試看！」

戒賢長老接到信，爲避免事態擴大，對玄奘說：「這個鳩摩羅王一向缺少善心，以往他並不大重視佛法。自從聽說你的聲名，似乎十分傾慕佛法。或者你和他是前世的善友，等著你去開導。出家人以利物濟世爲本，現在正是適當的時機。如果國王發心崇佛，百姓就容易歸化了。如果再不去，或許會發生意外的戰亂。因此，我希望你辛苦前去一趟。」

玄奘遵從師命，跟使臣一同前往。鳩摩羅王知道了十分高興，率領群臣在宮外拜接，請法師進宮，竭誠招待，還請求代爲齋戒。

玄奘在鳩摩羅王宮裡住了一個多月。戒日王率軍遠征凱旋回國後，聽說玄奘在鳩摩羅王那裡，吃驚地說：「是我邀請在前，如今怎麼先到別國去了？」說完，戒日王即刻派遣使臣對鳩摩羅王說：「趕快送玄奘法師回來！」

鳩摩羅王正在熱情接待玄奘法師，見到戒日王使臣的傲態，十分不滿，衝動地說：「要我的頭可以，法師可不能馬上去你們那裡。」

使臣碰了一鼻子灰，回去稟報。戒日王非常生氣，就說：「豈有此理！鳩摩羅王怎能爲一個留學僧說出這種粗魯話，難道他敢看不起我？」

於是戒日王再派使臣前去，責備說：「你說頭可以給我，就請你將頭交給使臣帶給我！」

鳩摩羅王知道自己說錯了話，十分惶恐，迅速下令準備象軍二萬、船三萬隻，跟玄奘一同出發，從恆河逆流而上，趕去見戒日王。

出發以前，鳩摩羅王先派人在恆河北岸準備行宮。這一天渡河到達行宮，安頓好玄奘法師，他即率領文武官員到南岸去參見戒日王。

戒日王見他一副小心翼翼的樣子，不但怒氣全消，而且大爲高興。知道他是因爲敬愛玄奘法師才會失言，也就不再追究他以前說過的話，只是問：「玄奘法師現在在哪兒？」

鳩摩羅王回答：「在我的行宮裡。」

戒日王又問：「怎麼沒有一起來？」

鳩摩羅王回答：「大王向來以欽慕賢士、敬重佛法著稱，怎麼可以讓玄奘法師來這裡參見大王呢？」

戒日王也覺得不好意思起來，就說：「好！你先回去，我明天親自去。」

鳩摩羅王回到恆河北岸，向正在行宮歇息的玄奘說：「戒日王是個崇敬三寶的國王，雖然嘴裡說是明天來，我怕他一定等不及，今晚就會來，還得準備

迎候。如果他來了，法師您儘管坐著別動。」

玄奘說：「玄奘遵守佛門規矩，理當如此。」

到了初更時分，行宮外忽然有人報告說：「河中燭火通明，有數千支火炬、燭光，還夾雜著步鼓聲。」

鳩摩羅王說：「戒日王果然來了。」他立刻下令舉燭，並且親自率領群臣出迎。

原來戒日王每次出行，都帶著一支數百面金鼓的隊伍，走一步，敲一下，稱作節步鼓。這只是中印度戒日王特有的排場，其他各國國王是不許學樣的。

戒日王到達以後，恭恭敬敬向玄奘法師行頂足禮，一邊望著法師、一邊散花，並使用許多頌詞讚美法師。他問：「弟子原先也曾邀請法師，爲什麼都不見降臨？」

玄奘回答：「玄奘遠來求法，爲的是要學好《瑜伽師地論》。奉接大王命令的時候，聽講還沒結束，因此未能即刻前往參見。」

戒日王又問：「法師是從大唐來的，我聽說那裡盛行一種叫《秦王破陣樂》的歌舞曲，不知道秦王是誰？又有什麼功德，能得到這麼多人的稱頌？」

玄奘說：「那是玄奘的父母之鄉。人們見到有人懷有聖賢的胸懷，能爲百姓翦除兇暴，使大家普遍受惠的話，就會受到歌頌讚揚。秦王是我們大唐國當今天子，在還沒登上皇位之前，受封爲秦王。那時候天下動亂，百姓無主，秦王身爲王子，出任天策上將，振奮軍威，滅除一群梟雄，平定海內，重安社稷，使天下遍見光明，大地普受恩澤，所以才有這首頌歌。」

戒日王邊聽邊點頭，還說：「這樣的人，眞是天派遣他來做領導的。」接著就對玄奘法師告別說：「弟子暫先回去，明天一早再來恭迎，但願法師莫辭辛勞。」

第二天天剛發亮，特使就來了，玄奘只好和鳩摩羅王隨同特使動身前往。到了戒日王宮的宮外，戒日王和大臣小乘論師等接待人員即出宮相迎，接待法師他們入宮坐定後，各種精美的食品就端上來，擺滿全席。

飯後，戒日王開門見山地說：「聽說法師曾經寫過一篇《制惡見論》，不知道有沒有帶來？」

玄奘說：「有。」隨即叫人取給戒日王觀覽。戒日王從頭到尾看了一遍，十分開心地說：「弟子聽說太陽一出，就螢燭無光；天雷震響，鎚鑿聲滅。」接著，又對小乘論師們說：「你們所奉行的，他都駁斥了。你們試提你們的意見看看。」

在座的小乘論師沒有一個開得了口，戒日王就說：「你們的首席法師，自誇解經勝過群英，學問囊括眾賢，率先倡導異說，經常抨擊大乘。但在聽說遠方高僧來到後，就藉口前往別國觀禮聖跡，託辭逃避。由此可見你們只會吹牛，並沒有辯駁的能力。」

15

揚名全印度

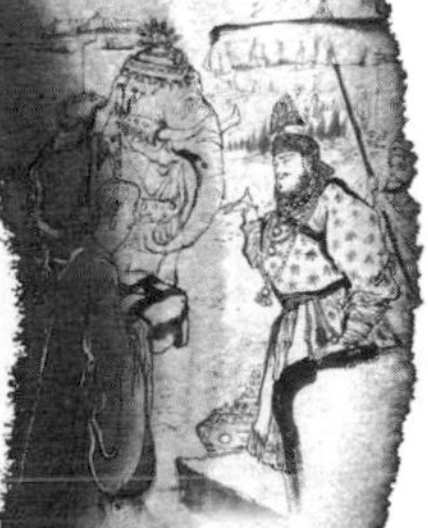

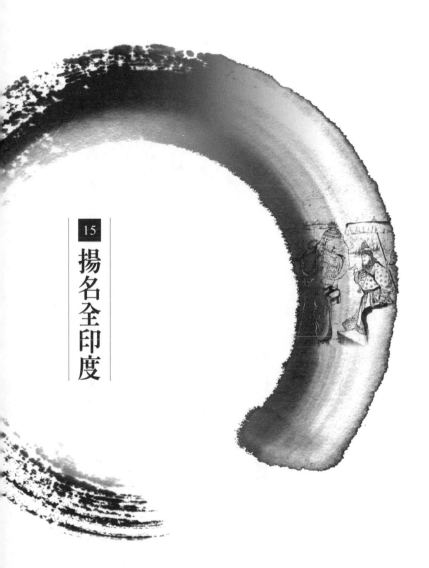

戒日王看到原本口齒伶俐的小乘論師，這時候一個個都垂頭喪氣，啞口無言而不敢出聲了，就說：「玄奘法師的《制惡見論》眞是說得太好了，我和在座的人都很拜服。只怕其他國家的小乘外道，沒有聽過這種高論，還是執迷不悟。我希望在曲女城爲法師舉辦一次法會，聚集五印度的僧眾、婆羅門、各派外道等，宣揚大乘正法的精微，既可以杜絕他們的誹謗，顯示法師的崇高盛德，也可以摧垮他們的驕傲自滿。」

於是，戒日王當天就發布敕令，通告全印度各國國王以及懂得經義的人，一起到曲女城集會，聆聽玄奘法師的《制惡見論》。

玄奘和戒日王，自初冬坐船逆流行船，到臘月才抵達會場。此外，五印度中，除戒日王和鳩摩羅王，還有十八國的國王，和精通大小乘的僧人三千多人，也都陸續趕來會場。這些人可以說都是學識廣博、能言善辯的人才，不是等閒之輩。他們都想親自看看玄奘法師的風采，聽聽他的法音。他們之中，有的兼帶侍從，有的乘象、有的駕車、有的舉幢、有的拿幡，先先後後一簇一簇的，就像興雲湧霧，與會隊伍綿亙數十里，氣勢極盛。

事前，戒日王已經命令工人，在會場所在地營建兩座草殿，準備安置佛像以及參加的人群。眾人到達的時候，草殿都已搭建完成，規模宏偉，每座約可容納一千多個座位。

戒日王的行宮在會場的西邊，從行宮到會場，沿途都經過精心設計。看上去，布置得既素雅大方，又莊嚴肅穆。

法會開始，由戒日王和鳩摩羅王分乘兩頭背上裝設華麗寶座的大象，陪侍著也乘象輿出現的玄奘法師到達會場，登上主講人的寶座。

玄奘法師就座以後，就以大會主講人的身分，稱頌大乘。他親自講述《制惡見論》的要旨，還請那爛陀寺的明賢法師當眾高聲宣讀。另外又叫人抄寫了一份，懸掛在會場門外，供大家參考。玄奘宣布說：「如果其中有一個字沒有道理，被任何人指出缺點並且予以駁倒，願意遵照慣例，砍頭謝罪。」

第一天，從早到晚，雖然會場裡萬頭攢簇，儘管有人探頭左盼右望，或你看著我、我看著你的互相顧盼，但是始終沒有人敢和玄奘法師辯論。戒日王高高興興地結束了大會，伴送法師回行宮安歇。

過了五天，小乘和外道因爲玄奘法師的言辭擊中了他們宗派的要害，懷恨在心，想用激烈的手段加以傷害。

戒日王知道了他們的陰謀，嚴厲地宣示說：「邪黨亂眞，由來已久，他們排擠正教，迷誤大眾，倘若沒有大賢，怎樣辨別眞僞？大唐來的法師，見識深廣，學問淵博，爲驅群邪，前來印度，顯揚大法，普度群迷。狂徒如不知自己反省，反而心存謀害，罪不容赦。如有人傷害法師身體，砍他的頭；辱罵法師聲名，割他的舌。但是凡屬正當的辯論，盡可自由發揮，不受任何限制。」

經過戒日王嚴厲的警告後，原打算在暗地裡興風作浪的那些人都有所收斂，不敢再偷偷摸摸地搞花樣了。十八天的辯論大會，既沒有人能反駁，也沒有人提出別的意見，就順順利利的進行。

到了將要散會的那天傍晚，玄奘法師一面宣揚大乘的教義，一面讚頌佛陀的偉大，感動了許許多多的人，紛紛由邪轉正，棄小乘皈依大乘，會場上歡聲雷動。戒日王見大會圓滿結束，非常高興，當時就和各國國王施給法師許多財物、衣服、珍寶等物品，玄奘法師一樣也不肯接受。

按照印度當時的習俗，凡是在辯論大會上獲勝的人，都要乘坐裝飾華麗的大象，象背上安置舒適的座位，巡行各地，以示尊榮。當戒日王循例命侍臣準備了一頭裝飾華麗的大象和座位，請玄奘法師乘坐出巡時，法師謙虛地予以謝絕。

戒日王卻認爲這是自古以來的老規矩，不可違反。即使玄奘法師本人不願意參加，也得以他身上的袈裟代表參加。於是叫人取下玄奘身上的袈裟，放置在象背的寶座上，象徵法師出巡。戒日王還派人在出巡隊伍前，一路上高唱道：「大唐來的三藏法師，宣揚大乘教義，破除各種紛歧的異見，十八天來，沒有人能出面反駁，大家都應該明白這次大會意義重大。」

從此以後，玄奘法師的聲名傳遍了全印度。

大會光榮結束，玄奘向戒日王辭別，準備回國。

戒日王說：「我自繼承王位後，三十多年來，心裡常常在想，怎樣才能增廣福德、積續善因？所以平日都在積聚財寶，每五年舉行一次施捨大會。這項

大會是在恆河和朱木拿河之間舉行，召集五印度的出家人、婆羅門，以及貧窮和孤苦無依的百姓一起來參加，會期七十五天。大會不論道俗、貴賤、貧富，一律平等，都可以參加，所以稱作無遮大施。這種盛會已經舉辦過五次，現在正要舉辦第六次。法師是否可以多留幾天，隨緣來看看這個皆大歡喜的場面呢？」

玄奘對戒日王的這種布施大會，是早就聽說了，現在有了這樣一個見識的機會，自然不願意放過，立刻就答應前往參加，戒日王十分高興。

第一天，在會場的草殿裡安置佛像，並在佛像前供奉最好的珍寶、衣服和食物，奏樂散花，天晚各自回房。

第二天，安置日天❶像，供奉的珍寶和衣服，相當於第一天的一半。

第三天，安置自在天神❷像，施捨的財物，數量跟第二天一樣。

第四、五天，布施僧人一萬多人，每人可得金錢一百、文珠一粒、細木綿衣一件，以及飲食、香花等。

從第五天以後，按著程序分期分批布施給婆羅門、外道、遠方來的求施者、貧窮孤苦的人們，前後七十天才施捨完畢。

布施過程結束後，將國庫中五年來所積蓄的財物全部用盡，只有用來對付暴亂、守衛國家的象、馬和兵器等，才予保留。

❖註釋❖

❶日天：原為婆羅門教信奉的太陽神，後為密教的十二天之一。

❷自在天神：原是婆羅門教的主神濕婆，後亦成為密教的十二天之一。

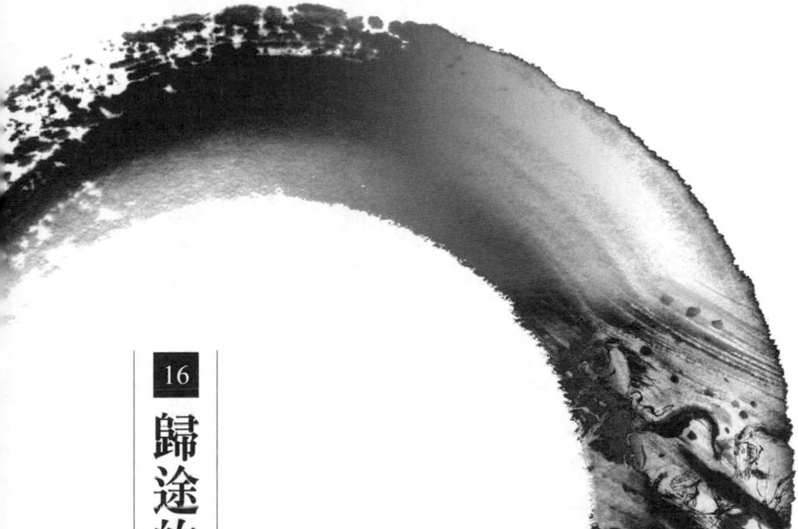

16

歸途的種種遭遇

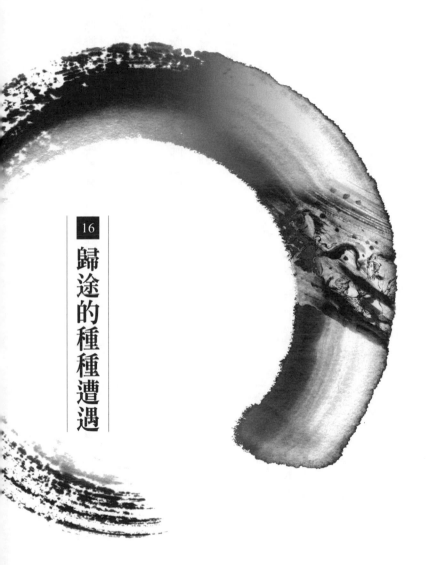

無遮大施的盛會在皆大歡喜聲中結束，玄奘法師準備辭行回國。

戒日王難過地說：「弟子正要跟法師一起弘揚如來遺法，爲什麼法師要那麼急著回去呢？」

鳩摩羅王對玄奘法師也同樣地殷勤，立刻接著說：「法師如果能留住這裡接受供養，弟子將爲您建造一百所佛寺。」聽了這些話，玄奘心裡非常感動，又停留了半個多月。

最後見他們不肯輕易放行，只好向他們傾訴苦衷說：「我的國家離這裡遙遠，知道佛法的時間比較晚，大法的弘傳也還不普遍，還有許多人仍不明白佛法的眞正好處。我之所以來這裡求學，也是爲了這個原因。現在我已如願學習到正法，但是弘法於我的國家的大願還沒有完成，因此時時掛念在心，急於回去。佛經上說，阻礙弘法會使人失明。如果我留住這裡，必會使無數的人失去知聞佛法的機會，這對大家都是有害無益的。」

戒日王聽了玄奘法師這一番話，知道他回國是要完成弘法大願，也就不再堅持挽留，改口問：「不知道法師回國，是要取道南海還是走陸路？如果取

道海路，弟子當準備船隻相送。」

玄奘說：「我從本國出來的時候，經過一個叫高昌的國家，它的國王敬重佛法，特別支持我來這裡求學，提供了豐厚的財物，並叮囑我回國時再去那裡。因為有約在先，不好違背，所以會從陸路回去。」

戒日王說：「那麼路上需要多少口糧和費用呢？」

玄奘法師說：「出家人隨緣募化，沒有什麼費用。」

戒日王仍為玄奘法師準備了金錢和其他各種東西，鳩摩羅王也贈送了各種珍寶。但法師全都不接受，只從許多贈品中拿了一件毛織披風，以防路上遇雨。

動身那天，戒日王和鳩摩羅王以及僧俗大眾，合成一個浩浩蕩蕩的隊伍，送行幾十里。到了將要分手的時候，大家還是依依不捨，哽咽地說不出話來。

玄奘把多年來在印度各地蒐集的經本和佛像，放在戒日王為他準備的二十匹車馬上，請北印度王烏地多先走。戒日王還另外贈送大象一頭，供法師乘坐。

玄奘法師走了以後，戒日王總覺得若有所失，坐立難安。到了第三天，終於忍耐不住，還是邀請了鳩摩羅王和跋吒王等，各自率領一隊輕騎兵趕上法師，再見面道別。戒日王又加派了四名通譯官，拿著親自用細木棉布加上紅泥封印的信，一路上送達所經過的各國，請他們調派兵馬護送法師，一直到大唐邊境。

他們又相隨送了一程以後，再次珍重道別。這一別，在這個塵世上，仁王、聖僧恐怕也是再見無期了！這時，雙方忍不住都流下了道別之淚。

揮淚跟戒日王等人道別以後，玄奘法師策馬趕上烏地多王一行。隊伍穿過一個大森林，走了七天，才到達憍賞彌國（今印度北境柯桑附近）。

再向西北走了一個多月，經過許多國家，玄奘都沒有耽擱停留。最後到達毘羅那拏國的都城（今印度北境艾塔附近），意外地在這裡遇到了那爛陀寺的師子光、師子月兩個同學，正在本地的一所佛寺中宣講經論。他們見到玄奘法師也都十分高興，並歡迎他宣講他所專長的經論。玄奘雖然旅途勞頓，卻也認

爲機緣難得，同意在這裡開講《瑜伽師地論》等經論，留住了兩個多月，把經論完整地講了一遍才辭行。

從這裡再往西北，走過幾個國家，就到了北印度烏地多王都城（今印度旁遮普邦東南）。烏地多王到了這裡就歇下來，並安排法師在這裡休息一個多月，然後派人護送法師到達僧訶補羅國（今巴基斯坦境內）。

當時，這裡另有百來名北方和尚，也攜帶佛經、佛像準備回去。他們見到玄奘法師都很高興，就結伴一起往北方走。

這一帶的邊境地區，盡是高山低澗，深壑奇谷，路上常有盜賊出沒。玄奘法師怕遭到劫掠，就派一位和尚走在隊伍前面，如遇上了盜賊，就說：「我們是一群求法的和尚，攜帶的都是佛經、佛像，並沒有什麼財物，請大家見諒。」

這一招果然有效，因此玄奘他們雖然在路上多次遇賊，也都有驚無險地平安度過，沒有受到損害。

這樣又走了幾十天，經過好些國家，來到了印度河岸。這裡河身寬達五、六里，只有玄奘法師乘坐的大象可以涉水而過，其餘的人馬、佛經、佛像等都要用船載運過河；還特地派一個人在船上看守經卷、佛像等。

不料船到河心，突然颱起一陣狂風，引起洶湧大浪，沖擊船身，搖擺簸動，有好幾次幾乎要翻船了。看守經像的人被嚇得驚慌落水，幸好有其他船上的人七手八腳地把他從水裡救起。人雖然無礙，卻損失了五十夾經本和一些印度特有的花木種子，還好大部分的經像等都安好。

這時候，印度河對岸的迦畢試國（今阿富汗的喀布爾）國王聽說玄奘法師到來，親自趕來河邊迎接，問道：「聽說你們在河中失去一些經本，不知道船上是不是還帶有印度特有的花木種子？」

玄奘說：「是帶了一些。」

迦畢試王聽了「唔！」的一聲說：「難怪會發生這種事。自古以來，凡攜帶印度珍貴種子渡河，都過不了河，眞是不可思議！」

玄奘聽了，覺得既然如此，也是莫可奈何，就隨著迦畢試王進城，在城中一所大寺裡歇宿，然後派人到烏仗那國（北印度境內一個古國）抄補在河中丟失的一些經本。

爲了抄補過河時漂失的經本，玄奘在迦畢試停留了五十多天，補上了一部分，總算稍稍安慰失經的心疼。

這時候，仰慕玄奘法師盛名已久的迦濕彌羅國（今喀什米爾）國王，聽說法師已經到達附近的鄰邦，也迫不及待地親自趕來，跟法師晤談，並停留了好幾天，才依依不捨地離開。

不久，玄奘法師也向迦畢試王告別。國王派了一個大臣率領一百多人，護送法師翻越雪山（今喜瑪拉雅山）。這座雪山，群峰攢簇，參差起伏，有的平緩、有的陡峭，千態萬狀，各不相同。山上經年積雪，攀登的艱辛，不是親臨其境者，很難了解。

在這山徑上，有馬也不能騎，大家只好下馬，拿著手杖，一步一步地往前走。走了許多天，來到一處嶺頭，俯瞰嶺下，發現一個村子，零零落落地散布著將近一百多戶人家。村子裡還養著肥碩的羊，看起來有驢一般大小。

當天玄奘法師就在這個村裡住宿，然後請村人嚮導，攀越另一條山路。

路上寒風凜冽，草木不生，山高風急，好不容易走到山頂，沒有一個人能站穩身子，只好頂著風，繼續向西北往下走。經過睹貨羅（今阿富汗境內）地區的許多小國，到達波謎羅川（今帕米爾河谷）。這個河谷東西長一千餘里、南北寬一百餘里，處於兩座雪山之間，正當葱嶺的中部，自春天到夏天，風雪從沒有停過。

波謎羅河谷中間，有一個大龍池，東西三百餘里、南北五十餘里，水色青黑，深不可測。水底有龜、鱉、龍、螭，池面有天鵝、鴛鴦等。

從這裡的河谷往東走，因爲冰封雪凍，走走停停，非常辛苦。很不幸，他們又在途中遇到一夥盜賊，跟玄奘法師一起走的許多商旅，都嚇得往山上跑，大象也被趕入河裡淹死了，還好法師並沒有受到傷害。

盜賊們離開以後，商人們又三三五五地出來跟玄奘法師會合。大家踏著冰雪，穿越險谷，向東緩緩前進。走了八百多里，好不容易才走出葱嶺，到達烏鎩國（約今新疆西南英吉沙縣以南）。

大概也就在這一段行程中，玄奘聽說鞠文泰已死，唐太宗在原高昌國地區

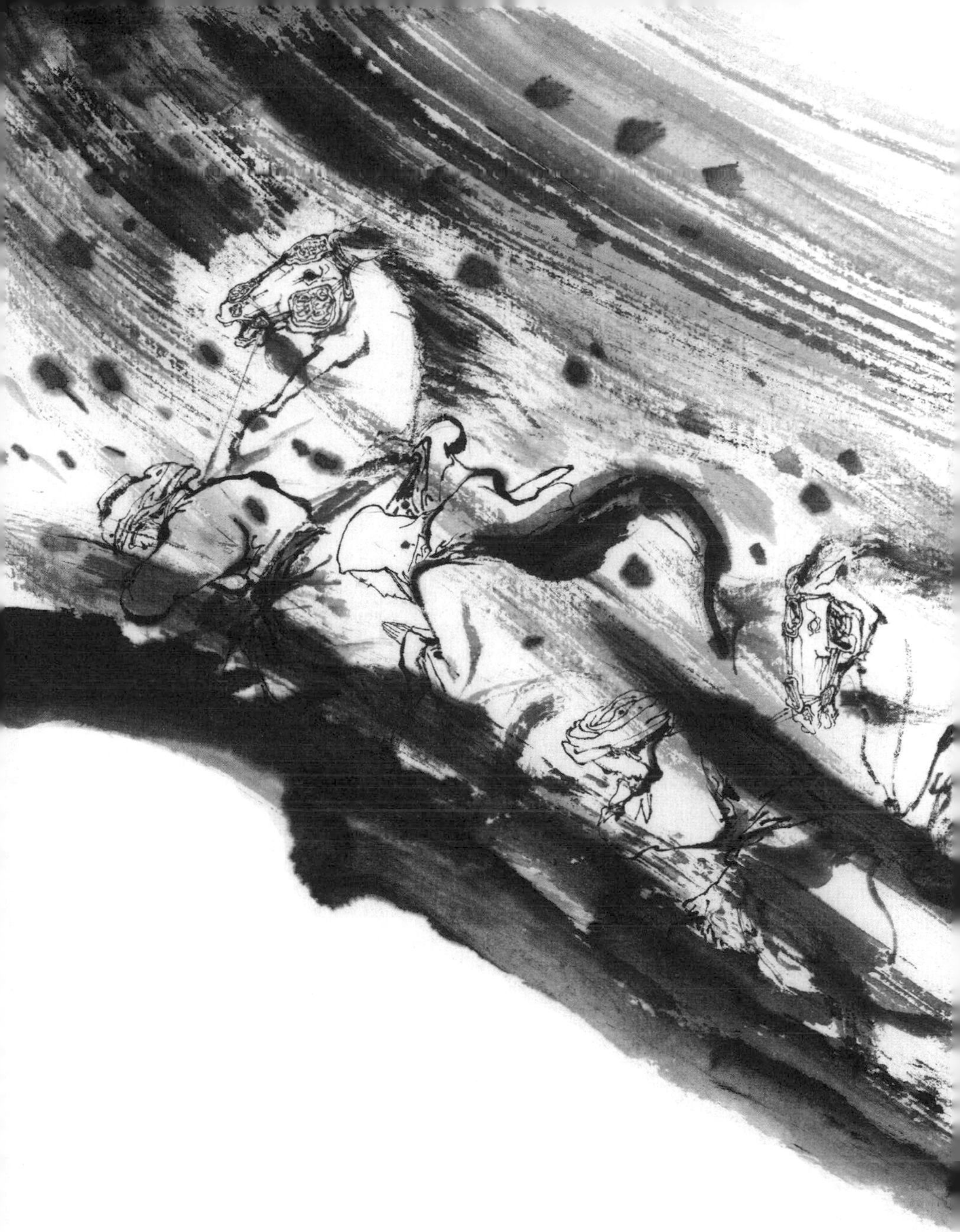

設立了安西都護府。

原來，高昌是「絲路」上的交通樞紐。貞觀六年（西元六三二年），焉耆派遣使者向唐朝入貢，鞠文泰不但派兵襲擊焉耆，大肆掠奪，還勾結西突厥，阻斷中原和西域的通路。唐太宗曾經遣使高昌向鞠文泰問罪，他卻口出狂言，不肯歸順。

貞觀十四年（西元六四〇年），唐太宗派侯君集和薛萬鈞兩將軍，率兵討伐高昌。鞠文泰以爲長安和高昌距離遙遠，未加戒備。在這一年五月，唐軍迅速到達磧口，鞠文泰聽說唐軍有十幾萬人之多，嚇得驚慌失措而得了急病，幾天以後便死去，由他的兒子鞠智盛繼位。

起初，鞠智盛仗恃和西突厥訂有盟約，還以爲西突厥會來救援。實際上，西突厥援兵聽說唐軍已抵達高昌時，就中途折回。鞠智盛無計可施，也只得開城投降了。

玄奘法師在得知高昌王鞠文泰已經不在人世之後，一方面感觸人事的滄桑，一方面也爲自己不必再赴前約而減輕心理負擔。他既不需繞道高昌，就直接往東南走，渡過徙多河（今葉爾羌河），然後向東朝于闐（今新疆和闐）的方向行進。

于闐是西域境內天山南路的一個綠洲地區，雖然鄰接塔克拉瑪干沙漠，地多沙磧，可耕的面積不多，可是水量充沛，農作豐盛，水果種類繁多。礦產有白玉、黑玉等，品質晶瑩，色澤光潤，馳名各地。其他如毛織地毯，也以花式多樣、風格特殊而為人喜愛。

于闐王聽說玄奘法師來到，親自前往路上迎接，並且在返回都城時，留下王子陪侍法師。在法師和王子到達離都城四十里的地方，于闐王又親率僧俗，奏著音樂，拿著香花，在路旁迎接法師進城，招待他到規模宏偉的薩婆多寺中休息。

玄奘法師在安頓下來以後，一方面由於國王的懇切挽留，一方面也由於想補充以前渡河時失落的部分經本，特別派人到附近的屈支（龜茲）、疏勒等國去訪求。因為不能即刻回國，他就寫了一道表文，叫一個隨商旅到長安的高昌青年馬玄智帶去，陳述自己取經回國已到達于闐的經過。表文大意說：

「玄奘當年初知佛教東來，雖然傳來一些經本，但是譯文詳略不一，大乘要旨還有所欠缺，於是不顧生命安危，立志訪求。在貞觀初年，冒犯法令，私自前往天竺，從長安出發，中間經過五萬多里，備嘗艱辛，到達王舍城。遊歷學習了十七年，現在已由天竺回來，越過帕米爾高原河谷，到達了于闐。由於所帶經本太多，中途又因大象淹死，未得相當馬匹，只好暫時停留，不能盡速謁見，不勝盼切。」

在訪求經本同時，玄奘法師也應于闐王的請求在該國開講通俗的佛典講座，每天輪流講幾種大乘的經論，聽眾受他教化、皈依的很多。

在這之前，玄奘爲戒日王說明《秦王破陣樂》的內容和由來以後，戒日王就因仰慕唐朝的聲威而遣派使者跟唐朝通好；唐太宗也曾派王玄策出使印度，對法師在印度的聲名也略有所知。所以唐太宗在接到奏表以後，立即派遣使臣前來慰勉說：「聽說法師去異域求法，如今回來，朕歡喜無量，可即速回來，跟朕相見，外國僧人中有懂得梵文及經義的，也任憑你一起帶來。朕已囑咐于闐等國，派人一路護送法師，人力、馬匹，應不致缺乏。」

同時唐太宗還命令敦煌官吏去流沙迎接，鄯善官吏去沮沫迎接。

玄奘法師接到唐太宗慰勉的敕令時，于闐王也接到護送法師的敕令。於是他除了派護送的官兵和馬匹外，還舉行隆重的餞別宴席，親自為玄奘送行。

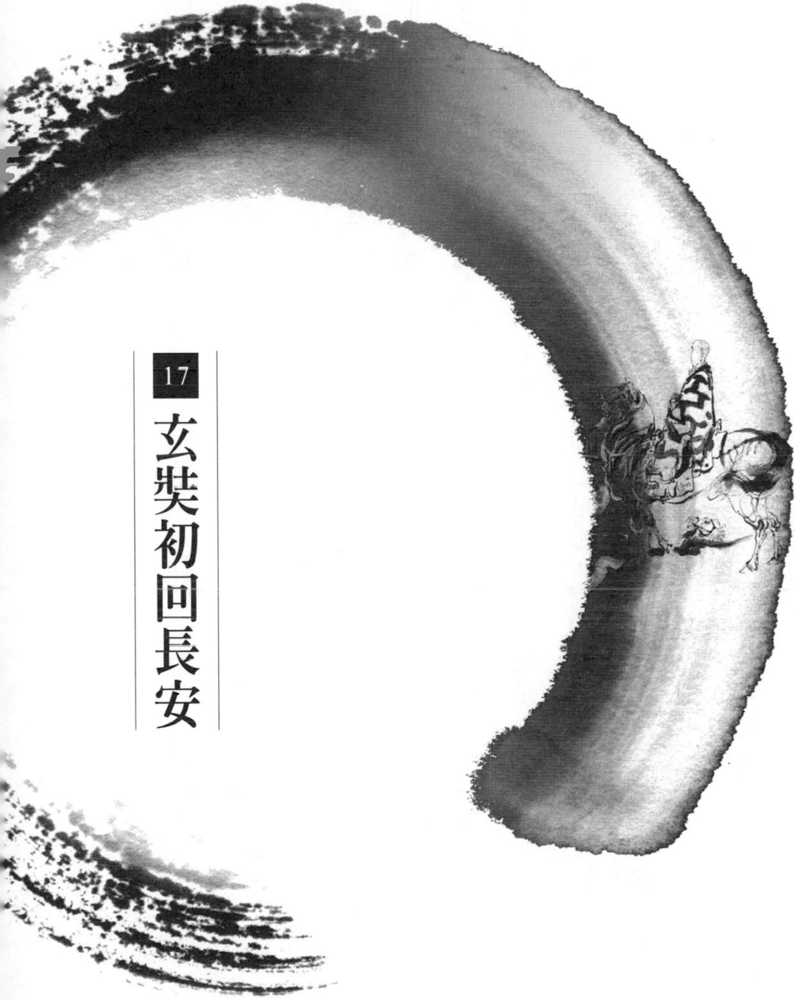

17

玄奘初回長安

離開于闐國向東走，這支由駱駝、駿馬載人馱經，護送玄奘法師取經東回的隊伍，經過天山南路（今新疆策勒、民豐一帶）再往前走，就不得不進入所謂的流沙地區了。

在這地區，放眼望去，所見盡是一片草木不生的沙丘。這些沙丘還常常會隨著風的吹颳而不停地移動，就像大海中洶湧的浪濤一樣。旅行的人如果不幸遇上了，往往會有被活埋的危險。而且流沙不時隨風飄移，沒有固定的位置，行人只能依地面上的骸骨辨認途徑，所以這一段旅程是很可怕的。

一行人戰戰兢兢，好不容易通過了流沙地區，向前走了一千餘里，到達沮沫國（今新疆且末縣）。再轉向東北走一千餘里，經過樓蘭，終於輾轉到達沙州（今甘肅敦煌），才算是從西域回到了大唐的西境。

這一年，是唐太宗貞觀十八年（西元六四四年），玄奘法師四十三歲。回想起來，法師自貞觀元年（西元六二七年）二十六歲時，隨著難民潮離開長安，孤身進入印度，現在又從印度輾轉回到國境，前後經歷了長達十七個寒暑。雖然飽經風霜，備歷艱辛，現在也終於完成宏願，學成歸國了。

取經的隊伍到了沙州，當地的官員在接到皇帝的敕令後，已經準備好護送的人員和馬匹，就打發于闐國的使臣回去了。

玄奘法師剛歇下來，立刻又向朝廷上表。那時候，唐太宗正籌畫向遼東興師問罪，人在東都洛陽行宮。他接到奏表後，知道法師將要到達，下令在長安留守的宰相房玄齡派員去路上接待。玄奘得知太宗正準備出兵征討，怕時間耽擱趕不上見面會誤事，就動身日夜趕路。

所以，他突然出現在長安城西的廣通渠碼頭時，官府裡的人還不知道，準備迎接的儀仗隊也趕不及；但是聽到法師回國消息的百姓，卻都爭先恐後地趕來河岸上。大家爲了爭睹法師的丰采，結果把岸邊街道擠得水泄不通，使法師進退不得，當晚只好在河邊暫時住上一宿。

貞觀十九年（西元六四五年）正月初七日，擔任京城留守的宰相房玄齡聽說玄奘法師帶著經本、佛像等到達，就派大將軍侯莫陳寔等前去迎接。法師沿著廣通渠進入長安城，住在都亭驛站。

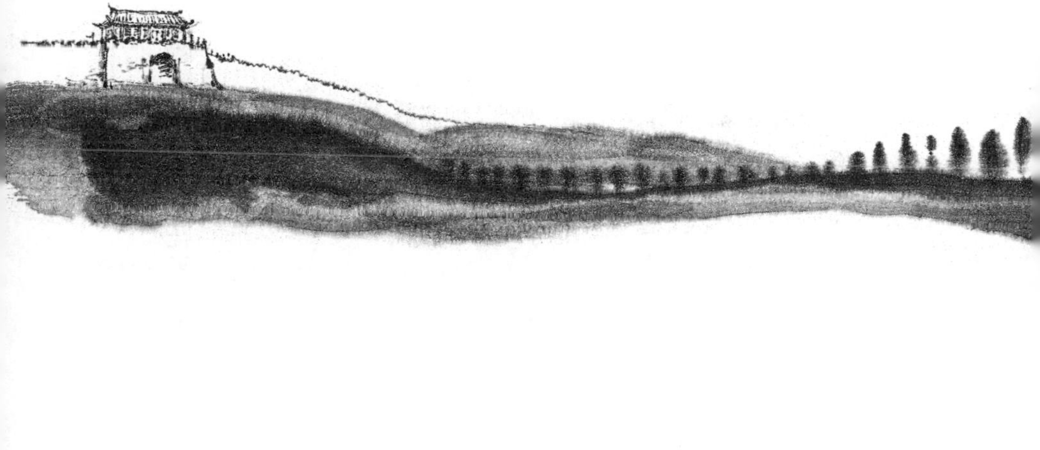

第二天，玄奘法師決定在送經像入弘福寺之前，先在朱雀街南門陳列，供群眾參觀。陳列的品目如下：

1. 如來佛舍利一百五十粒。
2. 金佛像一尊，高三尺三寸。
3. 仿造鹿野苑初轉法輪檀木佛像一尊，高三尺五寸。
4. 仿造出愛王思慕如來刻檀佛像一尊，高二尺九寸。
5. 仿造如來自天宮下降寶階銀佛像一尊，高四尺。
6. 仿造靈鷲山說法像金佛像一尊，高三尺五寸。
7. 仿造佛伏毒龍像檀木佛像一尊，高一尺三寸。
8. 仿造佛巡城行化檀木像一尊。
9. 大乘經二百二十四部。
10. 大乘論一百九十二部。
11. 各部派經、律、論共一百九十三部。
12. 因明論三十六部。

14.聲明論十三部。

總計凡經本五百二十夾，六百五十七部。

玄奘從印度帶回來的佛經和佛像等，經公開陳列供群眾參觀後，就由京師各寺僧人組成的龐大隊伍，前面奏著梵樂，後面捧著香爐，將經像等送入弘福寺。

貞觀十九年（西元六四五年）正月二十三日，玄奘前往洛陽行宮，覲見唐太宗。雖然這只是一次禮貌性的拜會，唐太宗那時候也正忙於軍事，但是對於法師儀容端整、神態優雅，留下了很好的印象。

二月一日，唐太宗特別安排在洛陽行宮的儀鸞殿接見玄奘，對他很客氣也很尊重。坐定以後，唐太宗問：「法師什麼時候出國的？怎麼那時候不向朕報告？」

玄奘法師請罪說：「玄奘在離去之前，曾再三上表奏請，只是人微言輕，未蒙恩准，因求法心切，就私自出走了。專擅之罪，到現在還深感惶恐！」

唐太宗安慰說：「法師出家已脫離塵俗，捨身求法是爲救度眾生。朕極爲讚許，法師不必為此歉疚。」

唐太宗接著詢問葱嶺以西，印度等國的土地、物產、風俗、民情。玄奘就將以前博望侯張騫所不曾提到、司馬遷《史記》和班固《漢書》上沒有記載，而自己親身遊歷各地的疆土城邑和耳聞目睹的情形，隨問隨答，有條不紊地做了報告。

唐太宗十分高興，對玄奘法師說：「佛國遙遠，那裡的許多靈跡和文教，以前的史書都未能詳述它的源流和底細。法師既親自經歷，應該撰寫一部專書，給不知道情況的人看。」

唐太宗深深感覺眼前這個方外人，不但修養卓越、舉止端重，而且識見高超，思想清晰而言辭典雅，有擔任公卿的才能，就勸他還俗，協助處理國事。

玄奘法師卻婉謝說：「玄奘從小進入佛門，篤信佛教，熟悉的是經義教法，對於孔門的學問很生疏。如今讓我還俗，就像叫河裡的船上岸，不僅不起作用，而且只能使它變成無用的朽木。我只希望自己終身以傳法報效國恩，這是我最大的願望。」

唐太宗見玄奘法師辭意堅決，也就不再勉強了。

當時唐太宗正準備出征高麗，全國兵馬已集中到洛陽，軍務繁忙緊迫。他接見玄奘法師，本想只作短暫會見，誰知道一談下去，不知不覺就已到了黃昏。大臣長孫無忌趕來啓奏說，法師住宿賓館，天晚了恐怕趕不回去。

唐太宗經這一提醒，就說：「時光匆匆，還沒有暢談，就已經過了一天。想請法師隨我東行，一方面領略各地風光民俗，一方面隨時抽空另作長談。是不是可以？」

玄奘法師辭謝說：「玄奘剛從遠方回來，身上又有病，恐怕不能陪侍皇上東行。」

唐太宗說：「法師曾孤身遠遊，東行只是舉足之勞，何必推辭？」

玄奘法師回答：「陛下東征，討伐亂國，玄奘自思對行軍作戰無能爲力，徒然增添軍中麻煩。再說興兵戰鬥，戒律禁止觀看，望陛下體察苦衷。」

唐太宗見玄奘法師說出苦衷，才不再勸說。

18 譯場的組成

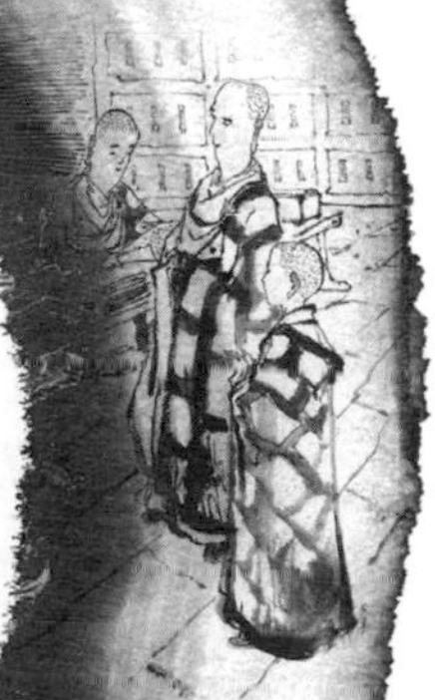

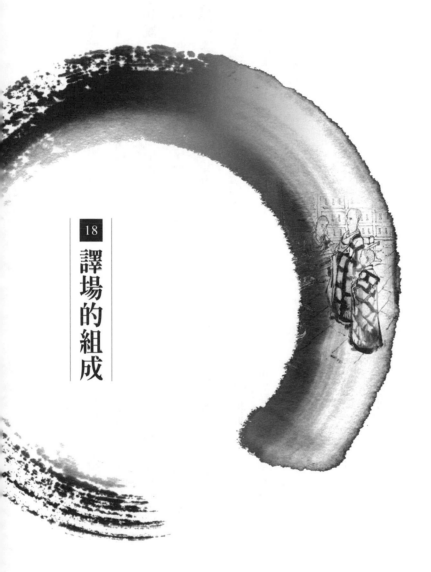

玄奘心想，唐太宗將要揮軍出征，討伐高麗，什麼時候凱旋，很難有個準兒，得先提出譯經的構想，請皇上支持才好。於是趕緊抓住機會，向唐太宗稟報說：「玄奘從西域取得的許多梵文經本，一個字都還沒有翻譯。我知道河南嵩山少林寺遠離塵囂，泉石清幽，是北魏孝文帝所建，當年菩提流支三藏就曾經在那裡譯經，而今玄奘也希望能在那裡爲國家翻譯經本，請皇上指示。」

唐太宗就說：「不用到嵩山去了。法師當年往西方求法的時候，朕曾爲追思生母穆太后，在西京長安造了一所弘福寺，建築雖然不是十分宏偉，卻很清靜，法師可以在那裡譯經。」

唐太宗親口允許他可以在長安弘福寺翻譯佛經，實在令他喜出望外，於是又說：「百姓無知，聽說玄奘從天竺回來，都好奇地想隨意前來觀看，弄得清淨佛門像鬧市一樣，不但影響秩序，也會妨礙佛事，請皇上派人加強門禁，以防各種意外。」

唐太宗高興地說：「法師的設想周到，朕會妥善安排。你可以先在這裡休息三、五天，然後回京住進弘福寺，如需要什麼，請和留守西京的房玄齡商量。」

唐高祖李淵、唐太宗李世民，都認道家的始祖李耳（老子）為同宗，崇道輕佛。這次玄奘跟唐太宗能談得這麼順利，大感意外，於是起身告辭。

玄奘自十三歲在洛陽出家，就對佛法研究發生強烈興趣，奔波南北，到處請益。後來西遊五印，又普求經本，遍訪名師。

玄奘了解，佛教自東漢明帝時傳入中國以後，雖然不久就陸續有漢譯的佛典出現，但是在初期，也就是自東漢到西晉時代，翻譯佛經並沒有什麼計畫，而譯經人員又多數是來自西域的僧人。他們大多不懂漢文，只得請漢人做譯經的助手，助譯的漢人又不懂外文，工作上至感困難。當時譯出來的經典，大都是遇到什麼翻譯什麼，沒有什麼系統，而且質量也不高。

接下來是東晉和前後秦時代。這個時期出現了一位譯經大師，就是從龜茲來的鳩摩羅什。他七歲隨同母親出家，由於聰明穎悟，很早就以精究佛學聞名。前秦苻堅曾派大將呂光，到西域迎請他來中土講學。但由於淝水之戰的失敗，前秦滅亡，羅什被劫持，在涼州住了十六年，到後秦弘始三年（西元四〇一年），被後秦姚興迎請到長安，尊爲國師。

羅什既精通梵文，還在涼州學會了漢語，梵漢兼通，又集合了當時眾多學僧，進行譯經工作，共譯出大、小乘的經、律、論三十五部，二百九十四卷，對中國佛教的發展影響很大。

再下來是南北朝時代，這時期可以梁、陳間自印度來的僧人眞諦（音譯波羅末陀）爲代表。他攜帶許多梵本經論來中國，先後住過南海（今廣州）、建康（今南京）、富春（今浙江富陽）、豫章（今江西南昌）各地。二十年間因遭逢戰亂，過著邊譯經邊流浪的生涯，總共譯出經論四十八部二百三十二卷（現存二十六部八十七卷），十分難能可貴。

貞觀十九年（西元六四五年）三月初一這天，玄奘法師從洛陽回到長安，住進弘福寺。他看了看從印度攜帶回來，堆積得到處都是的梵文經典，要把它們變成本國人人能看的中文譯本，個人的能力有限得很，非得組織譯場，動員許多人齊心合力去做，才能增加績效，達到弘法的目的。

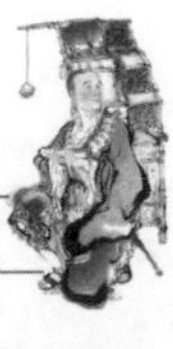

於是，他著手擬妥計畫，開具清單，列舉譯經工作中所需要的人員、材料、工具及經費等等，其中以人員最爲重要。玄奘所列出的譯經人才，主要有以下十類：

一、譯主——譯場的主持人，也是翻譯的總負責人，須精通佛典及中文、梵文，負責解決翻譯過程中的種種疑難。

二、證義——又稱「證梵義」。地位僅次於譯主，能正確理解梵文經卷原意，並審閱譯文和梵文意義的異同。

三、證文——也稱「證梵本」。聽譯主高聲誦讀梵文，以驗明原文有無錯誤。

四、筆受——又稱「執筆」。聽著口譯而書寫下來，將梵音譯成中國文字。

五、書字——又稱「譯語」。根據梵文原本，用中文譯出相應的梵音，即是音譯。

六、綴文——也稱「次文」。中、印的語言習慣和句子結構不同，綴文就是調整文句的結構，使它合乎中文的順序。

七、參譯——又稱「證譯」。將譯文跟梵文互相對照，以明正誤。

八、刊定——又稱「校勘」。刊削冗複的句子，使文句能做到明確、通暢、簡練。

九、潤文——又稱「潤色」。負責潤色文辭，使能盡善盡美。

十、梵唄——同誦唱的方法，念出譯文，並檢驗音節是否順口悅耳。

玄奘拿著清單向西京留守房玄齡報告。房玄齡派使者去定州（今河北定縣）行轅啓奏，唐太宗傳旨照法師所需充分供給，務必周全。

玄奘一方面請全國各名寺推薦所需人才，一方面自己細心查訪。

六月初開始，陸續有證義高僧通曉大小乘經論，爲人們所推崇的十二人來報到。他們分別是京師弘福寺的靈潤和文備、羅漢寺的慧貴、實際寺的明琰、寶昌寺的法祥、靜法寺的普賢、法海寺的神昉、廓州（今青海境內）法講寺的道琛、汴州（今河南開封）演覺寺的玄忠、蒲州（今山西蒲州）普救寺的神泰、綿州（今四川綿陽）振音寺的敬明、益州（今四川成都）多寶寺的道因等人。

又有綴文高僧九人來到，他們分別是京師普光寺的栖玄、弘福寺的明濬、會昌寺的辯機、終南山豐德寺的道宣、簡州（今四川簡陽）福聚寺的靜邁、蒲州普救寺的行友、栖巖寺的道卓、豳州（今陝西邠縣）昭仁寺的慧立、洛州（今河南洛陽）天宮寺的玄則等人。又有字學高僧一人來到，他就是京師大總持寺的玄應。還有證梵語梵文高僧一人來到，他是京師大興善寺的玄謨。

其餘筆受、書手❶，以及各種所需的材料、工具等等，也先後同時到達。

❖註釋❖

❶書手：抄書的人。

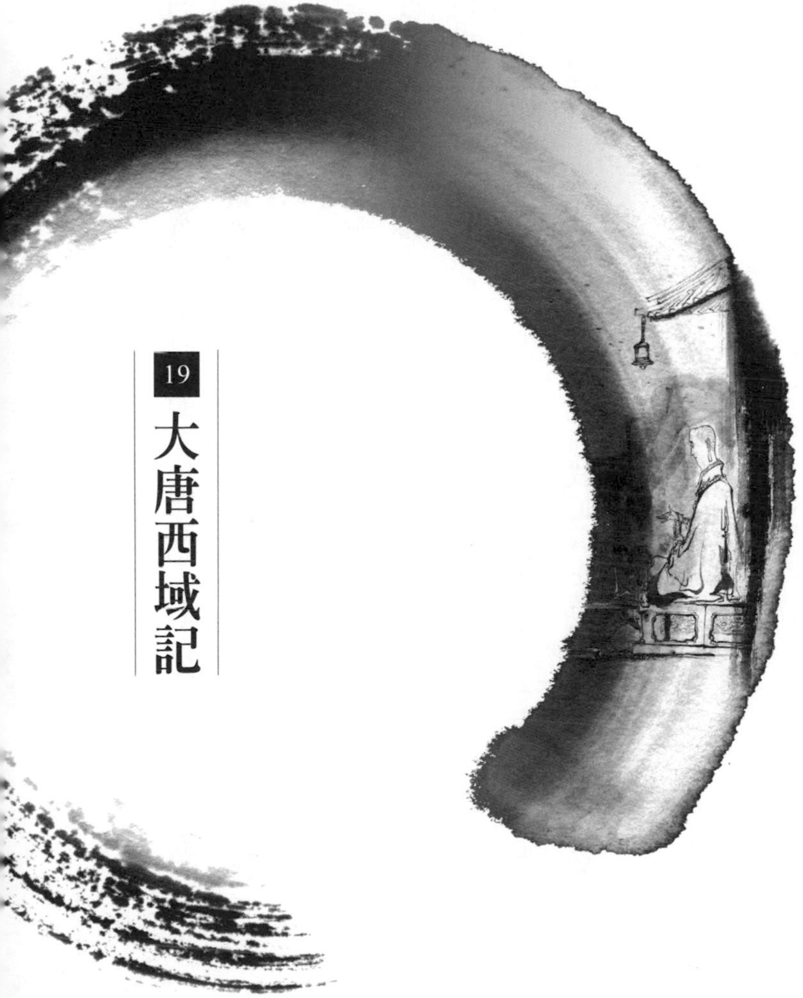

19 大唐西域記

人到齊了，器材也齊備了，譯經的工作開始。玄奘法師手持貝葉經本❶，口譯梵文，開譯四部單卷的經論，歷十五日譯畢。接著又譯了兩部大部頭的經論，到這一年（貞觀十九年，西元六四五年）年底才譯完。

第二年，玄奘法師除了繼續主持譯經的工作外，心裡還惦掛著另外一件事。那就是第一次進見唐太宗的時候，太宗曾經要求他把西遊的見聞寫成專書，這使得玄奘有分身乏術的苦惱。

一天，他向從會昌寺來拜在門下的綴文辯機法師說：「去年，皇上要我將西遊各地的經過，寫一部西域記。現在我忙著主持譯場，哪來撰寫的時間呢？」

辯機就說：「大師工作這麼忙，分不開身，如果我可以效力的話，我願意竭力協助。」

玄奘高興地說：「你的文筆又快又好，如果有你的協助，西域記的完成就不成問題了。」

於是，玄奘著手整理資料，然後口述，辯機筆記。就這樣，兩個人每天抽出一些時間通力合作，不過半年多，就把一部約十八萬字的《大唐西域記》完成，呈獻給唐太宗。

這本書全書共分爲十二卷，內容是這樣的：

卷一，記載今天新疆與中亞的廣大地區，有阿耆尼（今新疆焉耆）等三十四個國家。

卷二，開頭有印度總述，也談到北印度的情況。

卷三，記載烏仗那和迦濕彌羅等八國。

卷四，記載磔伽等十五個國家。

卷五，記載羯若鞠闍等六個國家。

卷六，記載寶羅伐悉底等四個國家。

卷七，記載婆羅痆斯等五個國家。

卷八、九，記載中印度大國摩揭陀國，爲玄奘留學之處。

卷十，記載瞻波國等十七個國家。

卷十一，記載僧伽羅等二十三個國家。

卷十二，記載玄奘回國途中，經過今新疆境內疏勒、和闐、樓蘭等地區的情況。

在書裡，玄奘把親自走過的一百一十國，得自傳聞的二十八國，一共一百三十八個國家和地區的地理環境、山川形勢、物產氣候、交通道路、風土習俗、宗教信仰等各方面的情況，都作了相當扼要的介紹。

印度以及中亞、南亞各國的歷史地理，本區的資料向來極為缺乏，而《大唐西域記》卻提供了十分珍貴的材料。因此這本書完成後，不僅雄才大略的唐太宗李世民親自披覽，就是一千二百年後的今日，也仍然在世界各地引起學者們的研究和重視，且有多種外文譯本出現。

玄奘眞可說是一位世界罕有的探險家，被稱為世界屋脊的帕米爾高原，冰封雪凍，人跡罕至，向來被認為是一個神祕的地區。這裡萬山叢疊，大理石、花崗石結成的山峰，高達六、七千公尺，直到七世紀為止，似乎很少有人提起，而玄奘往返三次，對該地區作了詳細的考察，並且予以記載，明確勾畫出它的位置，這是多麼地難得呀！

《大唐西域記》呈獻給唐太宗以後，等於向皇帝交了差，玄奘法師像是一塊壓在心上的大石頭落了地。自這一年（貞觀二十年，西元六四六年）五月起，就專心一意地從事《瑜伽師地論》的翻譯了。

玄奘法師譯經的原則，是「既須求眞，又須喻俗」。也就是說，不但要認眞翻譯，忠於原著，又要兼顧淺白流暢，通俗易懂。

他還在工作的體驗中，提出「五不翻」的理論。「不翻」就是不採用意譯，而用音譯。

所謂「五不翻」，分別是：

一、祕密語不翻：如陀羅尼爲佛教咒語，用音譯。

二、詞含多義不翻：如薄伽梵一名，具有自在、熾盛、端嚴、名稱、吉祥、尊重等六種涵義。

三、中土沒有的物品不翻：如閻浮樹。

四、從前已有音譯的不翻：如阿耨多羅三藐三菩提之類。

五、爲便於眾人意會並避免誤解的不翻：如「般若」二字是指佛門一種特殊的智慧，若譯爲智慧，就容易跟世俗所稱的智慧混淆了。

過了一年，貞觀二十一年（西元六四七年），玄奘四十六歲。他除了繼續譯出多部大乘經論外，還因東印度鳩摩羅王使臣來朝請求，而奉敕將中國古典名著老子的《道德經》譯成梵文，傳揚於印度；而後又應印度僧人的要求，將相傳爲印度馬鳴菩薩所著，已在本土絕跡卻有譯本在中國流通的《大乘起信論》譯唐爲梵，送回印度，使它再廣傳五印度。

貞觀二十二年（西元六四八年）五月十五日，玄奘以兩年時間，盡全力把《瑜伽師地論》一百卷全部譯出。

《瑜伽師地論》簡稱《瑜伽師地論》，也稱《十七地論》，是大乘佛教瑜伽行派和法相宗所遵奉的基本論著。瑜伽，是思維的意思，也是相應的意思。瑜伽師是指修行瑜伽道的人，地是境界。《瑜伽師地論》是說瑜伽師所依所行的境界，共有十七種，也就是十七地。

那一年，唐太宗因爲身體不適，在玉華宮避暑。玉華宮是一座十分清涼的離宮，離長安城北六百多里。在那裡養病的太宗，想到了玄奘法師，立即下旨召見。

玄奘奉旨，動身前往玉華宮。唐太宗見到玄奘的時候，十分高興，就說：「朕在西京，苦於暑熱，所以到這裡來住。這裡泉石清涼，我的氣力漸漸恢復，已可披閱公文、處理政事了；因爲想念法師，所以老遠地把你請來，眞是辛苦你了！」

玄奘法師道謝說：「全國百姓都仰賴陛下生活，聖體不安，萬民焦慮。聽說鑾駕到這裡後，飲食如常，大家同感歡慶。玄奘愚庸淺薄，幸蒙宣召，心中感謝，不覺辛勞。」

唐太宗跟玄奘交談之後，又勸他還俗佐理國事，使玄奘深感爲難。但他還是委婉地表達辭意，一面稱頌太宗治國成功，聲威遠播；一面讚揚他手下文臣武將，個個都比自己還強，用不著找一個和尙來佐理政務，希望太宗能繼續支持和鼓勵自己譯經弘法，爲國家盡出家人的本分。

唐太宗聽了很開心，問了問玄奘近來譯經的情形。玄奘就把譯完《瑜伽師地論》一百卷的事，向太宗奏報。

唐太宗聽了報告，知道玄奘工作十分用心，翻譯《瑜伽師地論》的工程也很浩大，要求法師給他稍加說明。玄奘提綱挈領說明大略的內容，太宗深感興趣，派人去長安取《瑜伽師地論》來，親自閱覽。

從未接觸過佛典的唐太宗，對於這種新穎而精深的教義非常敬佩，立刻下令祕書省選派書法好手，將新翻的經論謄寫九本，分發全國九州，使它輾轉流通。

玄奘法師當初譯完五部經論呈閱，並懇求唐太宗賜序，太宗是答應了；可是由於國事忙迫，一直沒有動筆。這時候，法師見太宗興致高昂，立刻再度提出寫序的請求。

唐太宗不僅在唐朝立國初期，顯示出他有軍事方面的長才，屢建大功；文學方面，也早在秦王時代，就開設弘文館和文學館，接近文人學士，常跟他們討論文籍，或作詩論學，下筆成文，文筆優美。所以不但開心地答應作序，而且即時動手，寫出一篇全文七百八十一字的〈大唐三藏聖教序〉。

唐太宗寫好了序文，心裡覺得很滿意，就讓玄奘法師坐在自己身旁，指名弘文館學士上官儀對著文武官員宣讀。序文除了稱頌佛法幽寂，救度眾生，普惠世間萬物外，還讚揚法師爲了求法，孤身隻影，冒險遠行，引來西方佛法，潤澤了東方諸國人們的心靈，使大家脫離迷途，不致沉淪。

當時身爲太子，後來繼位被稱爲唐高宗的李治，在讀了〈大唐三藏聖教序〉後，也順水推舟寫了一篇五百六十九字的〈述聖記〉，文中除了順著唐太宗的口氣，歌頌佛教「綜括弘遠，奧旨遐深」（總括一切宏遠的思想，包含救世的深奧意旨）；也稱許玄奘法師「備通釋典，利物爲心」（通曉各種釋家經典，心存利民濟物的胸懷），還對他從事佛教經論的翻譯深表敬佩。

由於獲得前後兩位皇帝〈序〉、〈記〉的頌贊，不但令在場的玄奘法師深深感動，使他覺得自己的努力有了豐收；也因爲有了兩位皇帝的文字倡導，文武百官，全國百姓，自然風吹草動，受到信仰上的鼓舞，大大帶動了佛教的推行。

那時候，弘福寺的住持圓定法師跟京城各寺的僧眾，也打鐵趁熱，聯名表請鐫刻〈序〉、〈記〉於碑石，以便珍存。這件事立刻得到唐太宗許可。

唐太宗特別喜愛晉朝大書法家王羲之的字，就由弘福寺的懷仁和尚動手，在王羲之行書的眞跡中找出序文需要的字，沒有字的就接合偏旁，加以縮小或放大才完成。據說懷仁和尚爲一序一記，曾花了二十年的工夫。

此外，唐初的書法大家褚遂良，也奉命用楷書來寫這兩篇文字，且被刻成石碑。

據碑文所記，李世民的〈序〉，刻成於唐永徽四年（西元六五三年）十月十五日，李治的〈記〉，成立於同年的十二月十日。集王羲之字的〈大唐三藏聖教序〉，又稱〈集字聖教序〉，現藏陝西西安碑林第二陳列室。褚遂良楷書〈大唐聖教序〉，也稱〈雁塔聖教序〉，現存西安慈恩寺的大雁塔中。

❖註釋❖

❶貝葉經本：貝葉指印度、斯里蘭卡等地出產的貝多羅樹樹葉，貝葉經過特殊處理後，可在上面刻寫字母並裝訂成冊。

20 永受懷念的偉績

寫過〈述聖記〉以後，皇太子李治爲了紀念去世的生母文德皇后，想要建造一座佛寺以造福。他派人在京城中找尋適當的地點，終於找到了城南的晉昌坊。那裡有一處南朝無漏寺的遺址，離風光秀麗、遊人如織的曲江池很近，鬧中取靜，的確是一個好所在。

地點找好了，立刻召來京師最好的建築工匠，並從全國各地採集最好的木材和石材，構成重樓複殿，高閣深房，一共建有十三個院落，一千八百九十七個大小房間；各個房間裡，床褥器物，都設備齊全。那時候正是國勢鼎盛的唐朝初期，財力雄厚，人心振奮，工程進展得很快，在不到四個月的時間內，寺舍就初步完工了。

寺舍落成，李治一方面奉旨剃度三百名和尚，再請五十位高僧入住，共營寺務。因爲寺是紀念文德皇后的撫育之恩，就把它稱作大慈恩寺；另外還在寺的西北建造一所具有特殊裝置的翻經院，供玄奘法師和其他的法師們作譯場之用。李治還特別敦請玄奘法師擔任大慈恩寺的住持。

玄奘取經回國，一心一意只想盡量把它們翻譯出來，一聽皇太子要他主持寺務，即時上表懇辭，表示自己爲了取經，冒風雪、越沙漠，隻身犯難，身體受損，不能勝任繁重的寺務。李治卻認爲唯有法師的德望修爲，才是唯一適合擔任大慈恩寺的領導人。

貞觀二十二年（西元六四八年）十二月下旬，唐太宗父子又安排了最隆重的儀式，以盛大的樂隊前導，迎送玄奘法師進入大慈恩寺。從此，玄奘結束了在弘福寺前後四年的日子，繼續在大慈恩寺，作長期、專一的譯經和弘法的努力。

第二年，貞觀二十三年（西元六四九年）五月，唐太宗駕崩，就由後來被稱爲唐高宗的李治繼位。他也像他父親唐太宗一樣，敬重玄奘法師。

玄奘法師在慈恩寺，日子過得忙碌而紮實，唯一令他擔心的是，許許多多千辛萬苦、好不容易從印度求取回來的梵文經本、佛像、佛舍利，以及勞動許多人的精力和血汗譯出來的經卷，數量極爲龐大，怎樣保存？保存在哪裡？才能避免人進人出的干擾，便利工作的開展，並防止火災和意外造成損害。

因此，他想到應該仿照印度的形制，在大慈恩寺內營建一座大石塔。他把這個構想跟工程計畫寫成報告，上奏當時的高宗皇帝。

唐高宗很同意玄奘法師的構想，只是考慮到營造石塔，採運石材的工程浩大而困難，恐怕沒法子在短期內完成，不能解決急待解決的問題，建議法師改石用磚，並由宮中協助資財。

玄奘深佩高宗這個意見很切實，就在寺內西院空地擇址建造，塔基每面一百四十尺，塔高五層（現在高達七層的大雁塔係武則天修塔時增建），每層都藏有寶貴的佛舍利，前後經過兩年才告成。因爲這塔是仿照印度塔興造的，所以也取名雁塔。

在玄奘以後，又有人在長安城南薦福寺新建了一座小雁塔，所以後人又把大慈恩寺的雁塔，改稱大雁塔。

玄奘法師進入大慈恩寺翻經院以後，既是住持（也稱方丈），便不得不負責全寺大大小小的事務；又是譯主，更不願使整個譯經的工作因受牽累而被稽延，這是他最顧慮的問題。

好在大慈恩寺，不但規模宏偉，而且是一個組織嚴密的大寺院。住持以外，唐高宗當初迎請住寺的五十位高僧中，還有很多人可以輪流分擔寺務。如：

一、監院：也就是俗稱「當家的」和尚，地位僅次於方丈，綜合管理全寺實際的工作，主管全寺經濟收入。

二、知客：客堂的主持人，掌管接待僧俗事宜。

三、維那：也稱都維那，是掌管僧眾庶務的主要人物。

四、書記：掌握往來文件的收發、起草，也就是寺院中負責文書工作的僧人。

除了以上四種最常跟俗客接觸的僧人外，其餘比較常見到的，還有維那的副手「悅眾」，方丈的服務員「侍者」，以服勞役為主的「行者」，以及負責「香積廚」（廚房）和齋堂（食堂）等等的僧人。

為了弘法，玄奘法師雖然不必過問實際的寺務，但是單只譯經的工作，就夠他忙的。何況他辛辛苦苦不惜生命，遠行留學、取經，最大的目標原在遠紹如來遺教，弘佛法於中土，譯經是他終身以赴的事業。因此，在他身上，時間是一點也不肯浪費的。

他每天都自訂一定的課程，如果白天有事，沒辦法全部做完，就會連夜趕譯，一直做到有停止符號的地方，方才停筆收工。經本收拾好，又向佛像禮拜繞行，到半夜打一回盹，清晨四點鐘又起身，誦讀梵文經本，用朱筆點出翻譯段落，擬定一天的工作份量。

每天齋後和黃昏這兩段時間，玄奘法師要開講新的經論，並且回答全國各地前來聽講的僧人們提出的問題。同時，他又要以住持的身分，同時解答寺裡和尚們各種請示的事情等等。

到了夜裡，本寺弟子一百多人都來請教，擠滿了走廊通道，玄奘法師也一一回答指點，無所遺漏。儘管事情這麼繁忙，法師仍然從容應付而不覺得疲倦，眞是精力驚人。

因爲大慈恩寺是當今皇上唐高宗李治做太子的時候就建立支持的，玄奘法師又是高宗敬重的人，所以朝廷裡的王公大臣也常常到寺裡拈香、禮拜、懺悔，玄奘對他們都很親切地加以解說誘導。

有一次，瀛州（今河北河間縣）刺史賈敦頤、蒲州（今山西永濟縣）刺史李道裕、穀州（今河南澠池縣）刺史杜正倫、恆州（今河北正定縣）刺史蕭銳等四人，因爲例行的報告州務來到京師，辦完公事結伴來寺，參見玄奘法師請求受菩薩戒。法師見他們心誠意切，立即答應了。

授戒之後，玄奘法師又親切地爲他們講解，菩薩傳法，就是要大家服務須盡忠，治民須慈愛。這四位刺史受了戒，高高興興地告辭，回到任所就大施財物，可見法師的行爲，影響是多麼深遠。

唐高宗在顯慶二年（西元六五七年）春天，前往洛陽。玄奘法師也受邀帶著譯經的和尚五人，他們又各攜帶弟子一人，一齊陪同前往。

洛陽以在洛水之陽而得名，這裡自周初開始，就被營建爲東都；東周、東漢、西晉、北魏等朝代，都曾在這裡建都；隋煬帝和唐太宗也都曾經在這裡，或擴建城垣，或修繕宮殿。因此，洛陽的文化和經濟，幾乎可以跟西都長安相媲美。

玄奘法師在當初回國的時候，就在洛陽行宮的儀鸞殿，謁見過唐太宗（貞觀十九年，西元六四五年）。只不過，那時候他剛從天竺回來，進見的時間也非常迫促，匆匆見了太宗一面又趕回長安，沒有機會回家鄉拜祭父母的墳墓。十二年後隨從唐高宗再來洛陽，法師就興起一股急想探望離洛陽不遠的故鄉——偃師的願望了。

屈指算來，從十歲父親去世，玄奘就離開家鄉外出依親，跟二哥陳素在洛陽淨土寺居住；十三歲出家當小和尚，二十六歲出國求法；到今年五十六歲重回洛陽，離開家鄉已有四十多年了。

這時候，玄奘回憶起母親的襁褓哺育、父親的諄諄教誨，思想起來，時時都有父母深恩未報萬一的哀痛。於是他即時向唐高宗請假，回家鄉探望親人和拜祭祖墓。

「少小離家老大回」的玄奘法師，到了家鄉偃師陳堡谷，不但「兒童相見不相識」，連親人也一個都不在了。幾經向鄉鄰打聽，才輾轉聽說他僅有的一個嫁給張家的姊姊還在人世，但在好多年前也已因戰亂，隨丈夫搬回原籍瀛州

（今河北河間縣）去了。

玄奘法師立刻請人去瀛州訪尋姊姊，不久果然找到她。姊弟見面，恍如隔世，悲喜交集。在對哭過一陣以後，姊姊才帶著弟弟在荒煙蔓草的丘陵中，尋找父母的墳墓。

因爲瀛州離家鄉路遠，姊姊也很久沒有回來掃墓了，所以她只能憑記憶中的依稀印象，在荒草沒徑的山岡上尋尋覓覓。

最後，好不容易才發現已經荒蕪頹毀的父母墳墓。玄奘目睹眼前的淒涼景象，禁不住撲簌簌地掉下眼淚來。姊弟二人在一邊拭淚、一邊清理祭拜之後，玄奘決定另選墓地爲父母安葬。

於是他趕回洛陽，把這個心意寫成報告向朝廷奏報，立即得到唐高宗的允准，並且命令大臣，只要是法師改葬所需，一切都由國庫支給。接著，玄奘也選定陳堡谷西原做爲遷葬的墓地，重新備辦棺槨，擇日安葬。

到了改葬那一天，洛陽一地參加送葬的道俗僧眾，竟然達一萬餘人，眞是盛況空前，隆重萬分，算是了了玄奘法師報答父母深恩的一大心願。

安葬了父母之後，玄奘法師又上表向朝廷道謝，並向唐高宗表示，自己垂垂年老。從前在西行途中，健康受損，請求讓他進入附近的少林寺，安居譯經，以度餘年。

過了顯慶二年（西元六五七年）的年底，唐高宗從洛陽回長安，玄奘法師也跟著回京。

這時候，唐高宗為皇太子薦福，在延康坊濮王原宅（太宗第四子李泰府邸）營造的西明寺，已經完工。全寺共十院，有大小寮舍四千多間，畫棟雕梁，工巧宏偉，成為京師規模最大的寺院。

延康坊離皇宮較近，唐高宗為了可以跟玄奘法師親近，就在西明寺內選了一間上房，將在大慈恩寺住了八年的法師迎請到上房來住。一切迎請的儀式，都跟八年前迎請法師入大慈恩寺時，一樣隆重、盛大。

在西明寺住了一年多，也翻譯了多種經論，玄奘法師在回想歸國以後的譯經生涯時，突然發覺，在以前已譯的《瑜伽師地論》外，還遺漏了一種大乘佛教基礎理論的《大般若波羅蜜多經》，也就是被簡稱《大般若經》的那一種。

玄奘法師有意把《大般若經》譯出來，卻又擔心這部共有二十萬頌，多達六百卷的大乘經典，在他有生之年，是不是能完成得了？因爲他現在雖然只接近六十歲，但由於青年時期立志西遊，曾經獨闖沙漠，冒受風雪，傷害到健康，身體已顯得十分衰疲，能不能掙過風燭殘年，完成這項巨大的翻譯工程，實在沒有確切的把握。

有人勸他除繁去複，刪節譯出。玄奘法師只要想著這個主意不錯，可以一試，就接連地會做惡夢。他想，這必定是佛菩薩要他全譯，不贊成刪節才會這樣。因此，他還是決定把《大般若波羅蜜多經》完整地譯出。

但是，京師中人來人去，雜務紛沓，非離開長安恐無法完成譯事，於是他向唐高宗提出到玉華寺譯經的請求。玉華寺在長安以北六百里的坊州，原是唐太宗時代的離宮，太宗死後被改爲佛寺。玄奘法師曾在這裡陪侍過太宗，所以在高宗准了之後，玄奘就帶著協助翻經的高僧和門徒們一同前往。

顯慶五年（西元六六〇年）正月初一，《大般若經》翻譯工作開始，玄奘法師從印度帶回了三個版本，翻譯中遇到疑問，就取三個梵本互相比對，反覆推敲，選定最精當的文義才下筆。

經過近三年十個月的時間，到龍朔三年（西元六六三年）十月二十三日，在譯完最後一個字，全部《大般若經》大功告成的時候，玄奘法師放下筆，雙手合十，愉快地說：「玄奘能來此玉華寺，全是這部經的力量促成。現在全經譯完，終於爲佛學界做了一件大功德，也爲自己完成了一樁大心願，大家應該好好慶賀一番。」

麟德元年（西元六六四年），玄奘法師六十三歲，譯完《大般若經》後，自覺心力衰竭。正月九日經過房間後跨越水溝時跌了一跤，雖然只是腳上擦破一點皮，卻竟然病倒，二月五日半夜圓寂。

唐高宗聽到玄奘法師去世的消息，連連說：「朕失去國寶了！朕失去國寶了！」說到後來，聲音哽咽，竟說不下去了。

四月十四日，玄奘法師的遺體，被安葬於長安城東的白鹿原。京城內外的

摩訶般若波羅蜜多心經

觀自在菩薩行深般若波羅蜜多時照見
五蘊皆空度一切苦厄舍利子色不異空
空不異色色即是空空即是色受想行
識亦復如是舍利子是諸法空相不生
不滅不垢不淨不增不減是故空中無
色無受想行識無眼耳鼻舌身意無色身
香味觸法無眼界乃至無意識界無無明亦無無
明盡乃至無老死亦無老死盡無苦集滅道無智亦
無得以無所得故菩提薩埵依般若波羅蜜多故
心無罣礙無罣礙故無有恐怖遠離顛倒夢想究竟
涅槃三世諸佛依般若波羅蜜多故得阿耨多羅
三藐三菩提故知般若波羅蜜多是大神咒是大明咒
是無上咒是無等等咒能除一切苦眞實不虛故說
般若波羅蜜多咒即說咒曰
掲諦掲諦波羅掲諦波羅僧掲諦菩提薩婆訶

僧尼、百姓和周圍五百里的村民們，參加送葬的達百來萬人。當天晚上在墓地守靈過夜者，據說也有三萬人之多。

因爲白鹿原距離京城太近，唐高宗每每登樓遠眺，瞥見玄奘法師葬處，常會觸景生情，悲傷哀痛。於是在玄奘逝世五年後，又下詔遷葬於郊外的樊川北原，並且建立紀念塔寺，那就是現在存留長安城外的興教寺和玄奘塔。

玄奘法師的一生，除了爲我們留下普受世界重視的名著《大唐西域記》外，還翻譯了佛教經論七十四部，一千三百三十五卷。他對中印文化和世界文化做出了極偉大的貢獻，眞是一位令全世界景仰的了不起人物啊！

後記

在寫畢「玄奘」故事的最後一則以後，心頭還有許許多多拉雜的餘緒橫梗著，使我有不吐不快的感覺，現在把它寫在下邊。

小說《西遊記》，寫的是唐僧故事（也可以說是孫悟空故事），或一般所稱的唐僧（西行）取經的故事。

嚴格地講，也許唯有唐釋道宣《續高僧傳》和宋釋贊寧《宋高僧傳》二書，所記述唐代諸僧的故事，才和「唐僧」名實相符；或唯有近代梁啓超〈中國印度之交通〉（又名〈千五百年前之中國留學生〉）中的「西行求法古德表」上，自玄奘以下的五十三人，以及唐釋義淨《大唐西域求法高僧傳》所列，自玄照、道希、師鞭、道生至法朗法師等近六十人（不計新羅僧），才適用唐僧西行取經的名目。

現在卻僅敍唐三藏法師玄奘一人，而說是「唐僧取經」，不免嫌以偏概全了些？

不過，這或許可以說，一方面是受小說《西遊記》的影響，另一方面也因爲玄奘法師既是唐初第一位隻身赴印度留學，且留學成就最輝煌，回國譯經對我國佛教影響最深遠，又對中印文化交流貢獻最宏偉的一位傑出留學生，以他爲唐僧取經故事的代表，也就不會顯得太突兀了！

更巧的是，在梁氏的「西行求法古德表」上，大家都可以看到，玄奘是唐代西行古德第一人，悟空卻是最後一人。唯玄奘活躍於唐太宗、高宗二朝，悟空活動的時間卻是在唐玄宗天寶晚朝至德宗貞元以後，兩人同代而不同期。這位悟空既是唐代的眞實人物，就不是花果山的天生石猴了。

據日本學者長澤和俊在〈釋悟空之入竺求法行〉一文指出，（見《絲綢之路史研究》五四四——五七二頁）釋悟空俗姓車，名奉朝，於唐天寶十年（西元七五一年）二十一歲時，奉派爲出國的使節團團員之一；到了北印度乾陀羅國，得了重病，留在當地，病癒後出家，先在喀什米爾隨師修行；數年內走遍印度各地尋訪佛跡，還進入那爛陀寺修行三年，並曾輾轉西域各國四十餘年，於六十多歲後回國。長澤氏還說，悟空的歿年及下落都情況不明。

另外，我寫玄奘生平及西行歷程，除依據慧立《大慈恩寺玄奘法師傳》（先有巴蜀書社節選本，後獲完整本），玄奘、辯機合撰的《大唐西域記》（先有台灣印經處白文本，後獲季羨林等校注本）；還參考了唐釋冥祥《大唐故三藏玄奘法師行狀》、唐劉軻〈大唐三藏大遍覺法師塔銘並序〉、唐釋道宣《續高僧傳》卷四〈玄奘傳〉、大乘文化出版社《玄奘大師研究》，以及坊間如佛光、商務、幼獅、珠海、國際文化、大展等出版機構出版的各種現代名家撰寫的同類作品。從這些書裡採擷了他們不少的優點，特別要再謝謝這許多古德和現代諸賢達。

不過，這些書也有些值得討論的問題。如：

一、玄奘名褘，各本或作示旁韋，或作衣旁韋，紛云不一。按照國人命名的習俗推測，慧立的《傳》文既明載，他第二兄名素（法名長捷），應該以作衣旁爲是。因爲素是白色衣料，褘是有文彩的衣服。這是依常例聯想，並沒有文獻上的依憑，不能確定。有的書把仲兄寫作長兄，按照原始資料，應是疏忽致誤。

二、他的父親陳慧，或作陳惠，因古書中慧、惠同音通用相當普遍；如禪宗六祖的慧能或作惠能，就是顯例。

三、至於玄奘的生年和出國年代，正文已約略談到，不再贅述。

佛學視窗

- 時代背景
- 玄奘大師的思想與修學過程
- 法相宗
- 唯識學派
- 三藏
- 絲路之旅
- 玄奘大師年表

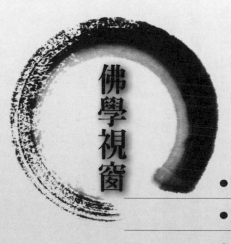

時代背景

兩晉南北朝的分立長達一百五十年之久，當時北方蠻族更迭，南方軍閥互相火拼，戰亂不已，南北偏見日益隔閡，這段期間爲中國政治與文化的低潮時期。直到楊堅篡北周，滅南陳，建立隋朝，終於統一南北對峙的局面。

隋文帝是一位賢君，在位期間，用刑方面雖然較爲嚴酷，但勤政愛民，尤其他自奉儉樸、善用人才，一心想將國家治理好。對於外患，他的目的只是安民，並不想勞民而自誇武功，雖然無赫赫顯功，其實這正是交鄰待敵之道。一方面偃武修文，一方面寬恤民力，使得戶口滋盛，府庫盈滿，短短十六年間，人民過著太平歲月，生活也舒服一點了；但不幸到了隋煬帝時，時局又告紛亂。

隋煬帝即位初年，承文帝遺蔭，倉庫充實，戶口增加，國勢富強。然而煬帝好大喜功，窮奢極侈，有文才卻無度量，性猜忌、殘忍虛浮、不能納諫容人、自傲自大，在位僅十三年，便將富強的隋朝政權傾覆滅亡。

初唐的政治、經濟、社會

經過兩晉南北朝長久的戰亂，中原歸於統一，生民幸獲休息，塞外亦無強敵，此時的唐朝堪與漢朝比擬，並稱中國盛世。

唐高祖年號武德，在位九年。雖然大部分時間在用兵征戰，掃平群雄，但其內政也大有可觀，對建立唐朝帝國深厚的基業有很大貢獻。例如他頒行均田租庸調法及新律令、官制，設學校，定貨幣，接納諫諍，在租稅、土地、法律、官制、教育、貨幣、政風各方面都有所建設。

到了唐太宗，尤其有求賢禮士的氣度，開闊容人的雅量。他能識拔天下英才，用爲將相，因此政治安定，民生安樂，四夷歸順，史稱「貞觀之治」。太宗在位二十三年間，選賢與能，獎勵諫諍，審愼刑罰，行王道，以儒治天下，所以不出數年，紀綱肅然，吏治清明，外戶不閉。因此，「貞觀之治」與日後高宗的「永徽之治」，史家將之媲美漢朝的「文景之治」，而其武功尤過之。

唐高宗爲太子時，常在太宗左右觀決庶政，並親近文臣學士。即位初年勵精圖治，憑藉著太宗所遺留下來的雄厚政治資本，和貞觀時代的賢臣名將如長孫無忌、褚遂良的同心輔政，內政仍保持貞觀時期那種恢弘氣象。社會安定、經濟繁榮，對外武功也有成就，如討伐西突厥、征服高麗、百濟，都是太宗時期希望達成而未能達成的事業，而在高宗初年都順利達成。所以，唐帝國版圖以高宗初年最大，可稱爲太平盛世，是高宗在位三十四年中政績最輝煌的一段時間。也可以說，「永徽之治」即「貞觀之治」的延長。顯慶是高宗第二個年號，顯慶時代起，武后掌權，高宗猶如傀儡，貞觀時期那些正直的老臣被排擠，宮廷中發生許多變亂，影響內政，才漸露衰相。

唐朝盛世從貞觀之治起，帶給中國一百多年的黃金時代。這完全得力於完整的政治制度，如：官制沿襲隋朝，以中央政府總攬全國大政，明確劃分中書、門下、尚書三省職權（如今日的立法、監察、行政）；軍事制度沿襲北周府兵制，使國家節省養兵費，又免將帥專權；實行均田制、租庸調法，使民間達到有田則有租，有丁則有庸，有戶則有調的目標。科舉制度更是客觀地延攬人才，使得朝廷中人才輩出，政治清明。

初唐的佛教概況

至於佛教方面，繼北周武帝與北魏太武帝兩次毀佛後，隋文帝開始復興佛教，各地高僧雲集長安及近畿地區，盛況空前。北周武帝廢佛時，高僧散居全國各地，後來隨著隋文帝的尊信佛教，以及佛教保護政策的實行，僧人們再度匯集長安，協助文帝進行佛教復興工作。

到了唐朝，更以國家行政組織來推行造寺度僧和佛教禮儀，因此唐朝佛教具有強烈的國家性格。依戒律組成的佛教教團，在自治權方面頗受威脅，例如唐朝嚴守佛寺定數制的方針，嚴禁新的佛寺建造。在南朝時期，廬山慧遠曾經著有〈沙門不敬王者論〉，仍具有印度佛教的特色。而唐朝佛法與王法的關係有了新的改變，佛教順從了中國的傳統，以前出家人自稱「貧道」，至此進而改稱「臣沙門」。

此外，唐太宗亦下令沙門必須禮拜父母。由此可知，中國佛教已經完全擺脫印度的模式，而融入中國社會的文化，形成中華文化史上著名的隋、唐佛教。

六朝以來由於國家政治勢力的脆弱，故有私度僧的流行與僞濫僧的橫行，這是歷代爲政者頗感頭痛的事。到了唐朝，建立試經度，嚴格實施戶籍和公度的宗教政策。持有度牒的出家人，可受到終身免除稅賦，專心於修道生活，並保障其身分的恩典。持有度牒的沙彌於成人後受具足戒，由戒壇發給戒牒，成爲大僧，以戒牒和國家的度牒兩種文書證明公度的出家身分。

中國出家人不僅不擾亂家族制度的秩序及社會倫理，且能進而以宗教立場加以支持。玄奘大師能夠在歷史上大放異彩，除了他個人的努力之外，王室的支持與宣傳的力量，也是不容忽視的。

玄奘大師的思想與修學過程

玄奘大師未前往西域前，幾乎已經遍習中國的佛學。他最初於洛陽淨土寺跟隨慧景法師學《涅槃經》，並聽慧嚴法師的《攝大乘論》；後遊關中，從慧景法師學《毘曇》、《攝大乘論》。到了四川，又從道基法師學《毘曇》；從寶暹法師學《攝大乘論》；向道振法師學《毘婆沙》。

此時玄奘大師年未滿二十五，但佛學成績已是大有可觀。離開四川後，大師在荊州講《攝大乘論》、《毘曇》各三遍。後來又學《雜心論》、《攝大乘論》於慧休，學《成實論》於道深。又至長安，學《俱舍論》於道尼，聽法常、僧辯之《攝論》等。

總計玄奘大師在國內從學於十三位法師，都是當世名師。在這段學習的過程中，大師所學偏重在眞諦系統的攝論宗，但他常感嘆眾師說法不同，令人無所適從，因此發願前往印度取《瑜伽師地論》和唯識學的原典加以考究。他獨自從長安出發西行，冒著途中許多危險，一步一步越過數千里險峻的路途，沿著新疆的天山北路，經過西土耳其及阿富汗，才進入印度。

玄奘大師西行取經，雖然志在《瑜伽師地論》，但其所學卻不限於瑜伽。他在印度那爛陀寺聽戒賢大師的《瑜伽師地論》三遍，《顯揚聖教論》、《對法論》各一遍，《順正理論》一遍，《中論》、《百論》各三遍，《因明》、《集量》論各二遍，並兼習婆羅門書。此外，又向勝軍居士學《唯識抉擇論》、《意義理論》、《十二因緣論》等。大師以那爛陀寺爲中心，四處參學。總計他所從學的老師知名者就有十五人，不知名者又有若干人。

由此可見，玄奘大師在印度所學，雖以《瑜伽》爲本，然絕不自限於一宗一派而有所偏執。前後十七年的周遊，大師帶回來大乘經論、上座部經律論、大眾部經律論、三彌底部經律論、彌沙塞部經律論、迦葉臂耶部經律論、法密部經律論、說一切有部經律論、因明論、聲論，共計六百五十七部。此外，還有佛像、佛舍利、佛牙等珍貴的寶物。

玄奘大師回到長安後，受到唐太宗與高宗的大力護持，他被禮聘爲上座，設譯經院，組織了包含全國名僧、碩學及顯官在內的大型譯場。大慈恩寺是大師歸國後的據點，也是眾學僧研究新唯識、俱舍學的道場。大師日以繼夜地翻譯經論多達七十四部，一千三百三十五卷。

他的譯風，是以直譯爲主，文字優美，並且忠實於原典的精神。例如大家朗朗上口的《心經》，就是大師的傑作。當時的長安，以玄奘爲中心的教團風靡一時，門下數千人，其中最有名的是窺基、圓測、普光、法寶等人。大師之後，以窺基為中心傳承玄奘唯識學的「法相宗」也盛極一時。

玄奘大師除了是一位虔誠的求法者，也是一位偉大的旅行家。他的求法帶給中國佛教深遠的影響，他的《大唐西域記》對中國乃至全世界都有莫大的啓發。此後中國也有無數的西行求法者，如唐朝義淨法師就是仰慕其風而往天竺。大師一生西行求法、取經、譯經的艱苦卓絕精神，有多少人能眞正體會呢？正如義淨三藏所作的〈取經詩〉所云：

晉宋齊梁唐代間，高僧求法離長安；
去人成百歸無十，後者安知前者難？
路遠碧天唯冷結，砂河遮日力疲殫；
後賢如未諳斯旨，往往將經容易看。

法相宗

中國佛教大乘八宗之一，是分析萬法性相的宗派。由於唯識學派是根據

《解深密經》的〈一切法相品〉，來訴說唯識學的重要教義，所以稱爲「法相宗」；又因依《唯識論》闡明萬法唯識的理論，又名「唯識宗」。

法相宗在唐朝初期大盛，不能不歸功於玄奘大師，大師的學問精博無涯，但他感覺到當時佛學思想混亂，因此迫切地想到印度求取統一的解釋。玄奘在印度主要是跟隨戒賢、勝軍等大師學習瑜伽學說，解除他心中長久以來的疑惑，回國後便開始闡揚法相唯識的道理。繼承者首推窺基、圓測，尤其以在大慈恩寺的窺基最爲有名，影響也最大，因此又稱法相宗爲「慈恩宗」。

由於玄奘的大量翻譯，因此法相宗所用資料的完備和精確，是它的特色之一。不過法相宗的學說太過印度化，有些觀念又引起舊派人士的反駁，加上華嚴宗、淨土宗、禪宗的興起，使得法相宗只維持短短數十年便驟然衰落了。這使得玄奘原想融會印度晚出而精密的理論來組織一代的佛學，無法如願以償。不過，他們所努力發揮的義理和精確的資料，對中國佛學的發展卻有相當的意義。

唯識學派

從無著繼承彌勒的學說，著《攝大乘論》、《顯揚聖教論》，高揚唯識教理開始；後由其弟世親著《唯識二十頌》與《唯識三十頌》，集唯識教理之大成。六世紀時由菩提流支傳來中國，形成「地論學派」的講學，再由眞諦傳到華南，形成「攝論學派」。到了唐朝，更由玄奘大師的弘傳，而有「法相宗」的成立。

唯識學者主張一切法都不離心識，因此世間諸法都是由心識（阿賴耶識，第八意識）所變現出來的，離開心識之外並無一切物質現象，所以名爲「唯識」，也可稱爲「唯心」。

這一切由心識所變現出來的「諸法」，包括人的個性、宇宙的存在現象、乃至心的動態等等，都是人類煩惱的起源，唯識論點中將這種種的「法」，做不同的分類、摘要，組織成五百法等法數。

而法相宗更進一步將此百法加以嚴格判釋，主要目的乃在了解苦惱的原因，進而截斷苦惱的根源。

三藏

《西遊記》中的玄奘大師被稱為「唐三藏」，也有人稱他為「玄奘三藏」。那麼，「三藏」是指什麼意思呢？

「三藏」，是指經藏、律藏、論藏。在這裡「藏」是指佛教的經典（經、律、論），因為經典能夠包容、蘊積無量法義，所以稱為「藏」。「經藏」是佛陀親口所說的教理，而「律藏」則是佛陀制定教團生活的規則，至於「論藏」則是對佛陀的教導進一步加以組織化、體系化的闡釋。

玄奘大師前往印度取經和參學，學習了許多的經和論，其中較重要的有以下幾部：

● 《毘婆沙》：就是佛經的註釋。註釋經的文字，梵文稱為優婆提舍。而以律、論之註釋為主的，稱為毘婆沙。後來凡是廣泛地解說經論的，通稱為毘

婆沙論。

●《涅槃經》：又作《大般涅槃經》、《大經》。宣說佛常住在世，眾生都有佛性，罪大惡極的人也能成佛等教義。

●《大般若經》：又稱《大般若波羅蜜多經》。「般若波羅蜜」也就是「通過智慧到達彼岸」。全經的主旨在說明世俗一般的認識以及其面對的一切對象，都屬於因緣和合，假而不實。唯有通過「般若」（即智慧）對世俗眞相之認識，才能把握絕對的眞理，達到覺悟、解脫之境。它是大乘佛教的基礎理論。

●《唯識論》：西元四五〇年由世親菩薩所造。本論主要在說明三界唯識（心）、心外無境，這是世親爲破斥外道的學說而作的論。

●《成實論》：古印度訶梨跋摩著，由鳩摩羅什譯成中文。論中說明宇宙各種現象，其實皆是沒有實體的假相，一切都是暫時的。

●《俱舍論》：西元四五〇年由世親菩薩所造。基本上是反映當時流行於迦濕彌羅國（今喀什米爾）的說一切有部，關於世界、人生和修行的主要學說。

●《瑜伽師地論》：彌勒講述，無著記錄。略稱《瑜伽論》，內容記錄彌勒自兜率天降至中天竺阿踰陀國講堂說法的經過。他主張客觀的對象，是人類根本心識——阿賴耶識所假現的現象，因此必須遠離有與無、存在與非存在等對立的觀念，始能悟入中道。

絲路之旅

玄奘大師是由絲路西行取經，而「絲路」是古代歐、亞間陸路交通要道，當時因爲載運中國的絹絲經過中亞綠洲地區往西方地中海而得名。這條以絲路爲名而貫通東西亞洲的通道，並非只是通過中亞綠洲和險峻的沙漠。它不僅連接了西伯利亞森林區南邊的草原地帶，同時還連接蒙古，並可通哈薩克大平原以及南俄草原地帶。

絲路主要的路線是：東起渭水流域的長安，向西經由甘肅河西走廊的敦煌出玉門關，分爲南北兩道。南道沿崑崙山北麓，經和闐至疏勒；北道經羅布泊沿天山南麓，經庫車、阿克蘇至疏勒。由疏勒越葱嶺，再分兩路：南經阿富汗首都喀布爾，往印度通新德里、沙爾那特、那爛陀等印度中心地區；或西經波斯（今伊朗）抵地中海諸國，出亞歷山大港。東西之間的文化因沿著絲路而交流，佛教亦因此而得於漢代傳入西域，再傳至我國及日本等地。

這條聯絡古代東西交通，以及通往印度的大動脈上有綠洲、沙漠及草原，北有天山、南有崑崙山、西方有帕米爾高原，更有喀喇崑崙山、興都庫什山等五千公尺以上的高山連綿不斷，要越過這個地區是非常艱辛的。

二十世紀初有許多探險家到這裡來探險，他們就花了大約三年的時間。古代的旅行家想通過這裡的話，所需要的時間就不只是五年或十年可以計算的。因此，要去西方就非常需要堅定的決心和非凡的努力。玄奘大師花了十七年的歲月往返西方的印度取經，他過人的決心、毅力以及為法忘軀的精神，怎不值得我們敬佩？

它更讓我們了解，這些看似現成的佛經，原來是這麼的殊勝難得呀！

玄奘大師年表

中國紀元	西元	年齡	玄奘大師記事	相關大事
隋文帝 仁壽二年	602	1	在洛陽緱氏縣東（今河南偃師緱氏縣東）出生。	
隋煬帝 大業十年	614	13	朝廷在洛陽要剃度二十七名僧人，雖然年紀不符，卻因能領悟佛理而破格入選，法號玄奘。	
大業十四年 唐高祖 武德元年	618	17	隋朝瓦解，與哥哥避居長安莊嚴寺。	隋煬帝被弒於江都，李淵即位於長安。
武德五年	622	21	在成都受具足戒，掛單荊州（今湖北江陵縣）天皇寺。	
武德九年	626	25		李淵退位，秦王世民登帝位。

唐太宗貞觀元年	627	26	離開長安，偷渡出境。	
貞觀二年	628	27	抵達高昌國（今新疆吐魯番境內），受到高昌王鞠文泰熱忱接待，險被強留。	
貞觀三年	629	28	到達迦濕彌羅國（今喀什米爾）停留學習，聽大德高僧講《俱舍論》、《順正理論》、《因明》、《聲明》及《大毘婆沙論》等，前後約二年。	
貞觀四年	630	29	進入北印度的至那僕底國，學習《顯宗論》、《對法論》、《理門論》等。	高昌王鞠文泰親訪長安，受唐太宗禮遇。唐平東突厥，西北君長奉太宗爲天可汗。

貞觀五年	631	30	渡恆河至摩揭陀國（今印度比哈爾邦），禮拜當年佛陀成道的菩提樹金剛座。由那爛陀寺大德迎回，依止戒賢大師。戒賢爲玄奘開講《瑜伽師地論》，歷時十五個月。在那爛陀寺學習，前後共五年。	
貞觀十二年	638	37	依仗林山的勝軍居士學法二年。	
貞觀十四年	640	39	作《制惡見論》以破小乘的《破大乘論》。	高昌國滅亡。
貞觀十五年	641	40	參加曲女城辯論大會，聲譽達最高點。起程東歸。	文成公主嫁吐蕃贊普。戒日王遣使到長安朝貢。

貞觀十七年	643	42	過印度河時流失五十夾經本。	唐遣使李義表、王玄策等人至印度摩揭陀國。
貞觀十九年	645	44	返抵長安，帶回經論共六百五十七部。召集人才，完成譯場組織，開始譯經。	唐太宗親征高麗。
貞觀二十年	646	45	和弟子辯機撰《大唐西域記》十二卷，並開始翻譯《瑜伽師地論》。	王玄策攜梵本經論六百餘部歸國。
貞觀二十一年	647	46	奉命譯《道德經》五卷爲梵文，應印僧要求譯《大乘起信論》，送往東印度。	
貞觀二十二年	648	47	《瑜伽師地論》百卷翻譯完成，唐太宗賜〈大唐三藏聖教序〉。移錫大慈恩寺譯經。	

貞觀二十三年	649	48	譯《攝大乘論》。	唐太宗駕崩。
唐高宗 永徽三年	652	51	於大慈恩寺旁造磚塔（即今大雁塔），安置所帶回的佛經、佛像。	
顯慶三年	658	57	徙居西明寺。	
顯慶四年	659	58	譯《大毘婆沙論》二百卷。移居玉華寺又譯《成唯識論》二十卷。	
顯慶五年	660	59	著手翻譯《大般若波羅蜜多經》。	唐滅百濟。
龍朔三年	663	62	《大般若經》六百卷譯畢，歷時三年十個月。	唐破日本於白江口。
麟德元年	664	63	二月，示寂於玉華寺。	

國家圖書館出版品預行編目資料

傑出的留學生：玄奘大師 / 蘇尚耀著；劉建志繪. -- 二版. -- 臺北市：法鼓文化, 2010.02
面； 公分

ISBN 978-957-598-499-1（平裝）

224.515　　　98023445

高僧小說系列精選 12

傑出的留學生——玄奘大師

著者／蘇尚耀
繪者／劉建志
出版／法鼓文化
總監／釋果賢
總編輯／陳重光
編輯／李金瑛、李書儀
佛學視窗／朱秀容
封面設計／兩隻老虎廣告設計有限公司
內頁美編／連紫吟、曹任華
地址／臺北市北投區公館路186號5樓
電話／(02)2893-4646　傳真／(02)2896-0731
網址／http://www.ddc.com.tw
E-mail／market@ddc.com.tw
讀者服務專線／(02)2896-1600
初版一刷／1995年10月
二版三刷／2019年1月
建議售價／新臺幣280元
郵撥帳號／50013371
戶名／財團法人法鼓山文教基金會—法鼓文化
北美經銷處／紐約東初禪寺
Chan Meditation Center (New York, USA)
Tel／(718)592-6593　Fax／(718)592-0717

法鼓文化